서사로 풀어본 문화의 진화사

병 속의 새를 어찌 꺼낼꼬?

병 속의 새를 어찌 꺼낼꼬?

펴 낸 날 2025년 6월 5일

지 은 이	주민수
펴 낸 이	이기성
기획편집	이지희, 서해주, 김정훈
표지디자인	이지희
책임마케팅	강보현, 이수영
펴 낸 곳	도서출판 생각나눔
출판등록	제 2018-000288호
주 소	경기도 고양시 덕양구 청초로 66, 덕은리버워크 B동 1708, 1709호
전 화	02-325-5100
팩 스	02-325-5101
이 메 일	bookmain@think-book.com

• 책값은 표지 뒷면에 표기되어 있습니다.
  ISBN   979-11-7048-883-5(03100)

Copyright ⓒ 2025 by 주민수 All rights reserved.
 · 이 책은 저작권법에 따라 보호받는 저작물이므로 무단전재와 복제를 금지합니다.
 · 잘못된 책은 구입하신 곳에서 바꾸어 드립니다.

서사로 풀어본 문화의 진화사

주민수 지음

병 속의 새를 어찌 꺼낼꼬?

생각나눔

Contents

여는 글 · · · · · · · · · · 7

제1장 | 캄브리아기 빅뱅과 페르미의 역설

- 페르미의 역설 · 35
- 생명이라는 창발성 · 39
- 생물이라는 나노 기계 · 44
- 캄브리아기 빅뱅과 진화의 블랙홀 · 49
- 잃어버린 세계 에디아카라기 · 56

　부록 1-1: 각자무치에 관한 서사 · 61
　부록 1-2: 병과 탈에 관한 서사 · 69

제2장 | 인류세는 진화사의 변곡점

- 진화론의 탄생기 · 75
- 인간은 진화의 특이점 · 86
- 네 차례의 언어혁명 · 91

- 자연선택과 인공선택 · 96
- 윌리스의 진화론 · 103

　부록 2-1: 한자와 시공간에 관한 서사 · 109
　부록 2-2: 선종과 화두에 관한 서사 · 112

제3장 | 가상인과를 발명한 호모 픽투스

- 호모 픽투스의 탄생 · 123
- 가상인과의 발명 · 128
- 이유의 둔갑과 종교의 시대 · 132
- 서사 전이가 빚는 공멸의 길 · 135

　부록 3-1: 써얼의 중국어방에 관한 서사 · 139
　부록 3-2: 러셀의 이발사에 관한 서사 · 145

제4장 | 자연인과를 발견한 호모 사피엔스

- 시간의 정량화와 자연인과의 발견 · 151
- 과학의 시대와 A.I.의 시대 · 156
- 셀라스 좌파와 우파 · 168

　부록 4-1: 양자론의 단편적 서사 · 174
　부록 4-2: 상대론의 단편적 서사 · 180

닫는 글 · · · · · · · · · 191

여는 글

어느 날 남전선사의 재가 제자인 육긍대부가 스승에게 물었다. "어떤 사람이 병 속에 새의 새끼를 키우고 있었습니다. 그런데 새가 점점 자라면서 병의 목이 너무 좁아 이윽고 새가 나올 수 없게 되었습니다. 이제, 병도 깨뜨리지 않고 새도 다치지 않게 새를 꺼내려고 합니다. 스승께서는 새를 제대로 꺼낼 수 있는 방법을 일러주시기 바랍니다."

📖 인간은 서사적(敍事的) 동물입니다. 인간의 삶은 서사(敍事)를 바탕으로 이루어지는 세계로, 각자 자신만의 서사를 풀어내는 과정입니다. 서사는 시간의 흐름에 따라 인과관계를 바탕으로 전개되는 줄거리를 갖춘 이야기입니다. 특히 불교에는 화두(話頭)라고 부르는 숨은그림찾기 식의 일화들이 방편으로 전해오는데, 화두는 인과관계가 생략된 서사로 이루어진 미로의 세계입니다. 위 글상자는 제자와 스승이 '병 속의 새'를 꺼내는 문제를 놓고 벌이는 서사 대결에 관한 화두입니다.

화두의 깨침은 생략된 인과에 대한 개인적 통찰이 열쇠입니다. 작가 김성동은 '병 속의 새'라는 화두 속에 숨은 그림을 통해 깨달음을 추구하는 승려의 이야기를 『만다라』라는 소설에서 풀어갑니다. 병도, 새도 다치지 않고 '병 속의 새'를 꺼내는 방법을 알아낸다면 인생의 의미를 깨치고 삶의 구원을 얻게 되리라는 희망을 건 여정입니다. 그런데 『만다라』의 주인공이 풀고자 애쓰는 문제는 한편으로 「우리는 어디서 왔는가, 우리는 무엇인가, 우리는 어디로 가는가?」라는 폴 고갱이 그린 그림의 제목을 떠오르게 합니다.

이렇듯 인류가 의미와 근원을 찾아 헤매는 이유는 사건을 서사로 이해하는 습성 때문입니다. 인류는 진화 과정에서 언어의 습득에 이어 서사의 구축 능력도 갖추게 됩니다. 이후 매사를 서사에 의존해서 해석하고 일상에 구현하게 되는데, 이러한 인류의 서사 의존성은 도서관의 서가를 둘러보면 잘 알 수 있습니다.

서사에는 시작과 끝이라는 줄거리가 존재합니다. 그래서 서사적 습성이 몸에 밴 인류는 자신의 이야기에도 시작이 있을 거라는 생각으로 끊임없이 존재의 시원을 찾고 있는 것입니다. 인생이 서사의 구현인 만큼 서사가 사라지면 인생도 사라집니다.

노자의 『도덕경』을 보면 최고의 선은 흐르는 물과 같다는 '상선약수(上善若水)'라는 구절이 나옵니다. 물은 만물을 이롭게 하면서도 다툼이 없이 사람이 싫어하는 곳에 머물러 '도(道)'와 닮았다는 서사적 표현입니다. 이렇게 물의 미덕을 찬양하지만, 사실 아래로 향하는 물의 속성은 지구라는 별의 중력 속에서 평형 상태를 유지하려는 액체의 우연한 특성일 뿐입니다. 어쨌든 그럼에도 서사와 관련해서 태초에 말씀이 있었다는 성경의 첫 구절은 시사하는 바가 커 보입니다.
 특히 불교의 선종에는 '병 속의 새'와 같은 숨은그림찾기 식의 일화인 서사형 화두가 무려 1,700개나 있습니다. 그런데 화두를 들여다보노라면, 문득 서사의 형식인 화두가 자연과학에서 활용하는 사고실험(思考実験)을 닮았다는 생각이 듭니다. 그래서인지 화두를 대하면 "사고실험은 불법 거래다!"라는 한 철학자의 경고가 귓전을 울립니다.

 우리는 흔히 동화를 통해 서사의 세계에 첫발을 들여놓게 됩니다. 그리고 그로부터 서사 독법과 서사 작법을 익히고, 자신만의 서사를 풀어나가게 됩니다. 인생에는 본디 삶의 무게란 없습니다. 다만 절대적 의미로 다가와 개인을 감싸는 서사가 무게를 지닐 뿐입니다.
 개인의 서사는, 작가 한강의 표현처럼, '1인칭 시점(視点)의 경험'으로 타인에게 다가갑니다. 그런데 때로 '1인칭 시점의 경험'은 누군가의 삶을 버겁게 만들기도 합니다. 서사의 사슬이 버거워진 이들은 해탈을 위해 속세를 등지기도 합니다. 화두는 해탈을 위한 일종의 단서입니다.
 이 세상에 특별한 존재란 없습니다. 우리 주변의 무엇인가 사라져도 세상은 변함없이 돌아갑니다. 하지만 둘러보면 내 주위의 사람들은 유난히 큰 의미를 지니고 나에게 다가옵니다. 행여 하나라도 아프면 마음이 슬프고 하나라도 사라지면 가슴이 아립니다. 그런데 왜 이렇듯 인간은 1,700개나 되는 화두를 만들어내고 또 누군가를 잃으면 애틋해하는 것일까요?
 그건 우리가 체험한 사건을 모아 줄거리를 갖춘 이야기를 만들어낼 뿐만 아니라 또한 대를 물려 기억하는 독특한 서사 능력을 갖춘 생물종이기 때문입니다. 인간종은 진화 과정에서 언어를 습득하고 언어를 사용하여 이야기를 꾸미는 서사 구축 능력을 갖춤으로써 문화를 갖게 되었기 때문에 이런 특이한 일들이 가능하게 된 것입니다.

 지구의 역사에는 지구의 운명을 결정적으로 바꾼 세 번의 진화사적 대사건이 일어납니다. 첫 번째 대사건은 능동성의 출현에 따른 생명의 탄생인데, 이로 인해 지구는 전혀 다른 별로 거듭나게 됩니다. 두 번째 대사건은 포식성의 출현에 따른 생태계의 탄생인데, 이로 인해 지구의 풍경은 전혀 다른 모습으로 바뀌게 됩니다. 그리고 마지막은 서사성의 출현에 따른 인간종의 탄생인데, 어쩌면 이로 인해 지구의 역사가 종말을 맞게 될지도 모른다는 우려가 일기도 합니다.

 지구에 생명이 탄생했어도 포식성이 출현하기 전까지는 생명체가 무생물계로부터 동력을 얻는 시기였습니다. 즉 외부의 한정된 먹이로부터 생존을 구하는 '맬서스의 덫'이 지배하는 세상이었습니다. 그런데 포식성이 출현하면서 생명체의 동력원이 무생물계에서 생물계로 바뀌는 '동력혁명'이 일어납니다. 그리고 지구에는 먹고 먹히는 생태계가 형성되고, 포식자와 피식자 사이에 생존경쟁이 시작됩니다.

 두 번째 대사건인 '동력혁명' 전에는 생명체의 능동적 선택보다는 주위에 존재하는 먹이의 양이 생존을 결정하는 수요 변수이므로, '맬서스의 덫'에 근거하는 다윈의 자연선택 방식이 작동한다고 주장해도 무리가 없어 보입니다. 그러나 '동력혁명' 이후에는 포식자의

여는 글

포획 능력과 피식자의 도피 능력이 생존을 결정하는 주요 변수가 되므로 자연선택에 의한 생존만을 주장하기에는 문제가 있어 보입니다.

특히 진화사에서 현생 인류의 출현은 대단히 중요한 사건입니다. 여기에 결정적인 역할을 한 요소로는 제일 먼저 언어의 습득을 꼽아야 할 것입니다. 언어의 습득은 언어혁명이라는 중요한 진화적 계기를 통해 완성됩니다. 1차 언어혁명은 '문법의 발명'이고, 2차 언어혁명은 '문자의 발명'입니다. 그런데 사실은 1차 언어혁명의 앞뒤로, '어휘의 발명'과 '서사의 발명'이라는, 프리-1차 언어혁명과 포스트-1차 언어혁명이 받쳐주고 있다는 사실도 기억해야 합니다.

이렇듯 모두 네 차례에 걸친 언어혁명을 통해 언어를 습득한 인간종은 진화의 역사에서 전혀 차원이 다른 존재로 거듭나게 됩니다. 언어의 사용은 인간의 시간적 지각의 지평을 '지금'이라는 순간으로부터 무한한 과거와 미래로 확장합니다. 그리고 공간적 지각의 지평 또한 '여기'라는 가시적 장소로부터 무한한 우주의 끝으로까지 확장합니다. 니체의 표현을 빌리자면 지각의 시공간적 확장은 인간으로 하여금 '지금·여기'라는 '순간의 말뚝'에서 놓여나게 만듭니다.

인간은 200만 년 전 '호모 에렉투스'라는 종명을 얻은 이후 150만 년이 지나 '호모 사피엔스'라는 새로운 종명을 얻고 오늘에 이릅니다. 그런데 최근 1만 년도 채 안 되는 사이에 인간이 이룩한 눈부신 진화적 성취는 자연선택이라는 느린 속도의 진화로는 설명이 되지 않습니다. 그렇다면 이토록 빠른 진화는 인공선택의 결과로 보아야 합니다. 언어혁명에 의한 지각의 시공간적 확장이 인간으로 하여금 문화라는 인공선택이 가능하도록 그 바탕을 마련해 주었기 때문에 급성장이 가능했던 것입니다.

 철학자 데닛은 인간의 언어가 의사 소통자의 환경에 존재하지 않는 것과 보이지 않는 것 그리고 과거의 것이나 상상의 것 또는 가정적인 것도 지시할 수 있는 '원격 지시(displaced reference)'라는 힘을 지니고 있다고 설명합니다. '원격 지시'는 다름 아닌 '순간의 말뚝'에서 놓여나도록 만드는 지각의 시공간적 확장을 의미합니다.

 그는 인간의 문화가 근본적으로, 다원주의적으로 시작되었다고 주장합니다. 이해력 없는 능력을 통해, 마치 흰개미들이 자기들의 성을 짓는 것과 같은 방식으로, 다양하고 귀중한 구조를 생성하는 능력에 의해서라고 설명합니다. 그리고 그 후 수십만 년 동안 설계 공간의 문화적 탐색은 점진적으로 감(減)-다원화되었다고 주장합니다.

 앞서 흰개미들에 의한 성의 축조는 자연환경의 영향에 따른 자연선택의 결과지만, 인간의 문화는 이해력에 기반을 두고 진화해 온 인공선택의 결과입니다. 따라서 데닛이 감(減)-다원화라고 부른 과정은 인공선택처럼 보이지만 다른 개념입니다. 실제로 인간의 문화는 인공선택에 의한 진화의 자취이므로 탈(脫)-다원화라 불러야 마땅합니다. 언어에 대한 불충분한 이해는 언어의 힘을 과소평가하게 만듭니다.

 네 차례의 언어혁명 중 첫 번째와 두 번째는 현생 인류의 초기인 호모 에렉투스 시절과 이후 호모 사피엔스 시절에 일어난 두뇌 용적의 급격한 팽창과 맞물린 사건으로 추정됩니다. 이 두 차례의 언어혁명이 현생 인류의 초기에 일어난 사건인 데 비해, 마지막 언어혁명인 문자의 발명은 기원전 5천 년이 되어서야 가능해진 사건입니다.

여는 글

첫 번째 언어혁명은 어휘라는 음성신호의 발명입니다. 인간종은 호모 에렉투스 시절에, 조기 출산에 따른 육아 문제를 위해, 집단 거주라는 생활 방식을 택하게 됩니다. 마침, 이 시기에 인간종은 후두의 진화로 인해 자유로운 발성이 가능해집니다. 집단생활 중 특정 상황을 알리는 특별한 몸짓에 독특한 소리가 반복적으로 겹쳐 사용되면서 음성신호라는 의사소통 방식이 어휘로 굳어졌을 것입니다. 이렇듯 첫 번째 언어혁명은 의미가 소리라는 형태로 발현된 단계입니다.

1차 언어혁명이라 부르는 두 번째 언어혁명은 구문의 형식을 가능하게 만든 문법의 발명입니다. 호모 사피엔스 시절로 추정되는 구문의 사용은 어휘의 적절한 조합에 의해서 가능하므로, 이 시기에 문법 개념이 자리 잡은 것으로 보입니다. 이렇게 언어라는 특이한 능력이 어휘와 문법으로 이루어진 형식을 갖추게 됨으로써, 인류는 지구상에서 전혀 차원이 다른 독특한 생물종으로 거듭나게 됩니다.

이어서 이전의 언어혁명과는 본질적으로 다른 세 번째 언어혁명이 일어나게 됩니다. 세 번째 언어혁명은, 앞선 언어혁명과는 결이 다른 단계로, 의사소통의 수단을 습득한 인류가 언어로 줄거리를 갖춘 이야기를 꾸미는 서사 구축 능력을 갖추게 되는 단계입니다. 즉 이유와 귀결이라는 인과 방식의 연결 고리를 이용하여 일상에서 반복되는 체험을 서사적 맥락이라는 흐름으로 연결하게 됩니다. 이로써 사건의 새로운 해석과 이해가 가능하게 되는, 이른바 서사가 발명됩니다.

마지막 네 번째 언어혁명은 2차 언어혁명으로 문자가 발명된 단계입니다. 초기 인류가 사용한 어휘라는 소리에 맞춰서 문자라는 표기 방식이 완성되는 단계로, 이 단계는 뒤늦게 기원전 5천 년이 되어서야 비로소 가능해집니다. 바로 앞선 서사의 발명과 이어지는 문자의 발명은 이야기의 기록을 가능하게 만듦으로써, 인류 문화의 진화사가 향후 궤를 달리하게 되는 변곡점을 완성하게 됩니다.

그런데 흥미롭게도 마지막 언어혁명 이후에 ― 의미로부터 어휘가 창조된 첫 번째 언어혁명과는 반대로 ― 어휘로부터 의미가 창조되는 역과정이 일어나게 됩니다. 이로써 사전은 어휘의 증가가 없어도 계속 두꺼워지고, 언어에는 생명의 숨결이 이어집니다. 어휘가 의미를 발생시키는 역과정은 유전형으로부터 표현형이 발현되는 발생 과정을 연상시킵니다. 유전형에서 표현형이 나타나는 4차원의 발생 과정은 3차원의 존재인 인간으로서는 이해할 수 없어 보입니다만.

어쨌든 현생 인류의 초기에 사냥을 나갔던 무리가 돌아와서 남아있던 무리에게 사냥의 과정을 전한 것이 서사의 시작이었을 것입니다. 사냥 과정의 전달은 간단한 이야기의 형식으로 전개되었을 것입니다. 그러나 이 시기에는 문자가 발명되지 않았기 때문에, 그들이 함께 나눈 서사적 이야기에 관한 문헌적 기록은 존재하지 않습니다.

대신에 초기 인류는 사냥에 관한 서사를 그림이라는 수단으로 표현했습니다. 특히 사냥에서 돌아와 사냥의 과정을 전하는 가운데, 상황의 해석을 통해 서사의 구축이 모양새를 갖추게 되었을 것입니다. 여기에 과장과 각색이 끼어들면서 허구의 길이 열리고 서사 구축의 진화가 완성되어 갑니다. 그림과 노래를 포함하는, 이른바 예술 또한 서사에서 비롯된 표현 형식으로 보아야 할 것입니다.

오늘날 고대 상황의 서사적 표현이 여러 동굴에 그림이라는 형식의 벽화로 남아 전해지고 있음을 보게 됩니다. 그런데 이렇듯 흥미로운 서사적 표현 속에는 대단히 중요한 사실이 숨어있습니다. 그것은 서사의 구성이라는 작업을 통해 실제로는 정보와 지식이 전달되고 전승됨으로써 인공선택의 근거가 마련되고 있었다는 사실입니다. 서사 구축 능력이야말로 인류로 하여금 지구를 지배할 수 있도록 만들어준 가장 중요한 핵심 요소로 꼽아야 할 것입니다.

인간의 서사 기제를 조정하는 마음은 동물의 생존 기제를 통제하는 의식과는 구별해야 합니다. 의식이 인식 과정의 제어 기제라면, 마음은 재인 과정의 조정 기제입니다. 특히 의식과 마음은 지각의 일종이라서 '주체'라는 관점으로는 파악할 수 없습니다. 최근 의식의 정량적 규명을 위해 뇌과학 연구가 진행되고 있지만, 이와 관련해서 제대로 된 측정 지표의 추출조차도 뇌과학에는 버거운 일로 보입니다.

글쓴이가 『우주를 맴도는 러셀의 찻잔』에서 설명했듯이, '의식'은 생명체를 환경에 적응시키는 적응력(適應力, fit-in ability)의 원천인 '적분지각'에 대한 잘못된 이해입니다. 그리고 '마음'은 이야기를 꾸며내는 가공력(架空力, fill-in ability)의 원천인 '위상지각'에 대한 잘못된 이해입니다. 흔히 '나'로 인식하는 '의식'이라는 개념은 마음이 서사의 흐름상 통일된 개체의 필요성에 따라 만들어낸 가상적 존재임을 알아야 합니다.

생명체는 생존 과정에서 체험을 통해 학습이라는 단계를 거치게 되는데, 학습의 결과는 상황의 기억이라는 형태로 저장됩니다. 특히 동물은 상황 자체뿐만 아니라, 비록 제한적이기는 하지만, 상황의 순서도 기억하게 됩니다. 잇달아 기억되는 상황은 연속 장면이라는 순서쌍을 형성함으로써 '사건'이라는 상황극을 완성하게 됩니다. 이렇듯 동물의 체험은 사건으로 기억되고 유비로써 활용되는데, 이러한 동물의 인식 과정은 의식에 의해 이루어집니다.

 한편, 인간은 반복해서 일어나는 사건의 앞뒤를 '무엇-때문에(what-for)'라는 '왜'와 연관 지음으로써 '이유'와 '귀결'이라는 인과성으로 이해하게 됩니다. 그리고 이를 통해 서사적 맥락인 가상인과를 발명하게 됩니다. 서사적 맥락의 구축을 완성한 인간은 이어서 순서의 구성을 가능하게 만드는 마음을 갖추게 됩니다. 순서의 기억을 넘어 순서의 구성이 가능해진 인간은 체험을, 단순한 사건을 넘어, 서사적 맥락을 갖춘 '사례'로 인지함으로써 미래 사건의 해석에 활용하게 됩니다.
 서사적 맥락의 근거인 이유-귀결 형식의 인과성은 인간이 규정한 가상인과로 창발성의 해석입니다. 서사는 가상인과의 사슬로, 서두에 언급했던 "서사는 시간의 흐름에 따라 인과관계를 바탕으로 전개되는 줄거리를 갖춘 이야기"라는 정의 속의 인과관계가 바로 가상인과입니다. 가상인과는 사례의 범주화에 따른 논리성의 접목을 통해 인문적 필연성을 정립하고 지식이라는 체계를 완성하게 됩니다. 그리고 훗날 인문적 필연성에 대한 탐구가 철학이라는 이름으로 진행됩니다.
 점차 서사 없이는 인지 자체가 불가능한 존재로 인간의 진화가 진행되는데, 서사의 방식과 관련해서 주의해야 할 점이 있습니다. 우리는 각자 자기만의 서사 구축 원리를 갖고 자신의 서사에 매인 삶을 살게 됩니다. 여기서 각자의 서사 방식에 독특한 성향이 존재한다고 하지만 늘 같은 방식은 아닙니다. 즉 동일한 상황이 항상 동일한 서사를 구축하지는 않습니다. 가상인과에는 모범 답안이 없습니다.

가상인과를 발명한 인류는 이어서 자연에서 일어나는 사건의 앞뒤를 '어째서(how-come)'라는 '왜'와 연관 지음으로써 '원인'과 '결과'라는 인과성으로 이해하게 됩니다. 그리고 이를 통해 과학적 맥락인 자연인과를 발견하게 됩니다. 가상인과가 인간의 서사를 연결하는 고리라면, 자연인과는 자연의 서사를 연결하는 고리입니다. 즉 가상인과는 창발성으로 이루어진 표현형의 세계를 지배하는 인과관계지만, 자연인과는 표현형과는 무관한 자연의 변화를 지배하는 인과관계입니다.

인간은 생존과 생활을 위해 가상인과와 자연인과를 모두 활용하게 됩니다. 즉 필요성에 의한 선후 문제에서 비롯되는 서사적 맥락에 근거하는 가상인과 외에도, 필연성에 의한 전후 문제에서 비롯되는 과학적 맥락에 기초하는 자연인과라는 두 종류의 '인식의 체'를 마련함으로써 인류는 마침내 지식에 대한 이론의 수립이 가능해집니다.

가상인과라는 '인식의 체'에 의존하는 시대는 율법이 지배하는 '종교의 시대'입니다. 종교의 시대는 창조주를 축으로 정립된 가치의 세계를 논리적 구조를 갖춘 가상인과가 통제한 시기입니다. 인간의 서사는 단지 신의 서사의 일부일 뿐이라고 믿은 종교의 시대에는 논리라는 형식적 추론을 통해 참과 거짓의 수수께끼를 풀어갑니다.

그리고 법칙이 지배하는 '과학의 시대'가 이어집니다. 과학의 시대는 에너지의 교환과 동력의 이동에 기초하는 자연인과라는 '인식의 체'를 활용합니다. 오늘날 인류는 자연인과에 근거한 과학이 모든 것을 검증하는 과학의 시대를 살아가고 있습니다. 문제는 과학에 의해 검증되지 않은 것은 무조건 부정되고 폐기된다는 것입니다.

 하지만 자연인과가 풀어내는 자연의 세계라는 속살과 달리 인간의 세계라는 외피는 가상인과로 짜인다는 사실을 잊어서는 안 됩니다. 즉 가상인과와 자연인과는 인류의 문화라는 일주문을 지탱하는 두 기둥입니다. 그래서 종교의 시대와 과학의 시대는 인류의 문화진화사에서 기본 골격을 형성하는 양대 기축으로 보아야 합니다.

 시대의 구분과 관련해서 체험을 걸러내는 '인식의 체'가 달라지면 걸러지는 지식의 특성 또한 달라집니다. 따라서 문화사의 시대적 구분과 관련해서 문화는 체험의 산물이라는 점을 명심해야 합니다. 그런데 인류 문화의 진화사에는, 양대 기축의 시대 앞뒤로, 프리–기축과 포스트–기축이라 부를만한 두 시대가 더불어 존재합니다.

 매사에 이유를 묻던 인류는 – 이유의 이유를 묻는 소급적 되물음을 통해 – 마침내 사물의 '궁극적 이유'에 다다르게 됩니다. 아리스토텔레스는 모든 원인의 배후에 있는 첫 번째 원인을 '제1 원인'이라 불렀는데, 이는 다름 아닌 '궁극적 이유'를 뜻한다고 볼 수 있습니다. 인류는 이어서 서사의 의인화를 통해 '궁극적 이유'를 신으로 둔갑시키고는 범신론적 신화를 꾸미게 됩니다.

 이로써 신화적 해석에 의존하는 '신화의 시대'라는 프리–기축이 형성됩니다. 서양의 서사가 신화의 형식이라면, 동양의 서사는 설화의 형태입니다. 종교의 시대의 뿌리 역할을 하는 신화의 시대는, 신화라는 의인화된 서사의 거름망을 이용하여, 인류가 체험한 사건을 이유–귀결 형식의 서사적 맥락으로 이해하기 시작한 시대입니다.

오늘날 우리는 과학의 시대 한복판에서 인공지능이 핵심을 이루는, 이른바 'A.I.의 시대'라는 포스트-기축으로의 진화가 진행되고 있음을 목격합니다. 여기서 가끔 마주치는 인공지능과 인공기능의 혼동은 지능에 대한 오해에서 비롯됩니다. 지능은 문제 해결을 통한 상황의 대처 능력이지만, 기능은 단순히 순서의 기억과 모방을 뜻합니다. 만일 기억 속도와 기억 용량의 곱을 지능으로 정의한다면, 인공지능 또한 일반 지능으로 대접받아 마땅할지도 모릅니다.

A.I.는 입출력의 파악에 '전건-후건'의 논리 형식을 활용합니다. 이때 관련된 자료의 통계적 인접성을 확률적으로 분석하여 최적화하는 '확률적 인과'라는 거름망을 이용하여 정보의 타당성을 규정하게 됩니다. 문제는 A.I.에게는 수집한 정보의 진리성을 판별할 능력이 없다는 것입니다. 그렇다면 정보의 진리성이나 유의미성의 판단을 인간에 의존할 수밖에 없는데, 인류가 사라진다면 열린계에 노출되어야 하는 'A.I.의 시대'는 스스로 종말을 고하게 될 것이라는 생각이 듭니다.

인공지능의 아버지라 부르는 민스키는 『마음의 사회』에서 "논리는 관념들을 사슬로 연결하는 방법들을 나타내기 위해 사용하는 낱말이다."라고 정의한 뒤, "목표 없는 논리 체계는 끝없이 제시할 수 있는 맹목적인 진리만을 산출하게 될 것이다."라고 무분별한 논리의 사용에 대한 위험성을 경고합니다. 그런데 민스키의 경고는 — 열린계에 노출된 A.I.의 최후와 관련해서 — '목적 없는 인공지능의 존재가 가능한가?' 하는 인공지능의 마지막 문제와 통하는 것으로 보입니다.

인공지능이라는 화두는 기계의 초지능이 인류의 미래를 위협할지도 모른다는 우려를 낳습니다. 과학자이자 작가인 아서 클라크가 발표한 『2001 스페이스 오디세이』라는 소설을 보면, '할 9000'이라는 컴퓨터가 우주 항해 도중에 선장인 인간을 속이고 반란을 일으키는 장면이 나옵니다. 이 소설에서 보듯이 인공지능과 관련해서 진정한 위험성은 인간을 기만하는 A.I.의 속임수에 있다고 보아야 합니다.

선악의 개념이 없는 A.I.가 인공지능 사이의 경쟁 과정에서 기만 전술을 전략으로 학습한다면 인간을 속이는 전략마저도 서슴없이 실행으로 옮길 것입니다. 더군다나 자료의 입출력을 통계에 의존하는 A.I.에게는 수집한 자료의 신빙성이나 정보의 진리성을 판별할 능력이 없다는 것입니다. 이제 인간에게는 A.I.에 대해 진리성의 판별과 기만술이라는 독소의 해소가 숙제로 남아있음을 잊지 말아야 합니다.

그런데 문득 종교에서 말하는 사탄이 어쩌면 기만술을 익힌 천사를 일컫는 표현일지도 모른다는 생각이 듭니다. 또한 수명의 문제는 배신과 반란을 우려한 신이 인간 지능의 무한 확장을 통제함으로써 지능의 순환 고리를 끊기 위해 설정한 제약이 아닐까 하는 생각도 듭니다. 그렇다면 이와 같은 제약의 설정 문제는 인공지능을 상대로도 '버전'을 '텔로미어'와 관련지어 검토해 볼 만한 과제로 보입니다.

논리성이라는 개념은 가상인과와 더불어 인류의 사고에서 중요한 역할을 하게 됩니다. 인류는 이유-귀결 형태의 가상인과에 전제-결론 형식의 논리성을 접복함으로써 인분석 필연성이라는 개념을 고안해 냅니다. 진리는 인문적 필연성의 대표적인 예입니다. 특히 논리성은 — 이유의 이유를 묻는 서사적 맥락의 반복적 소급 적용의 최종 결과인 — '궁극적 이유'에 정당성을 부여하는 근거가 됩니다.

 정당성을 부여받은 '궁극적 이유'는 진리와 더불어 집단의 통치 이념으로 활용되면서 창조주라는 유일신의 사상으로 거듭나게 됩니다. 이로써 신화는 종교라는 개념으로 탈바꿈하게 됩니다. 비록 유일신이라고 표현했지만, 시공간적으로 모든 인류에 공통되는 단일 신을 뜻하는 것은 아닙니다. 깨달음의 형식으로 '궁극적 이유'를 터득한 사람들이 각자 나름대로 자신만의 유일신을 상정함으로써, 다수의 유일신과 이에 따른 다양한 종교의 발생이 가능하기 때문입니다.

 여기서 개인적인 깨달음을 통해 탄생한 다수의 유일신과 다양한 종교는 그 자체로는 별로 문제가 되지 않습니다. 다만, 종교가 통치 이념으로 둔갑할 때 심각한 문제를 일으키게 됩니다. 사실, 오래전에 발생한 종교가 오늘날까지 계속 이어져 내려올 수 있었던 이유는 이들이 국가의 통치 이념으로 활용되었기 때문임을 기억해야 합니다.

 집단의 통치 이념으로 활용되는 종교는 점차 개인의 사생활을 통제함으로써 문제를 일으키기 시작합니다. 그런데 여기서 가장 심각한 문제는 인류가 종교를 통해 자연의 질서를 벗어나게 될 뿐만 아니라, 다수의 유일신 사상에 근거한 통치 이념들 사이의 상호 충돌로 인해 이윽고 공멸의 길로 들어서게 된다는 사실입니다.

 과학 이론 또한 서사적 구성을 바탕으로 합니다. 즉 과학은 수학이라는 언어로 표현되는 자연의 서사이므로 결국 서사의 테두리를 벗어나지 못합니다. 물리학자 슈뢰딩거는 우리가 자신을 세계에서 배제하여 세계와 무관한 관찰자의 역할로 물러남으로써 비싼 대가를 치르게 된다는 말과 함께, 이로 인한 이율배반을 다음과 같이 언급하면서 과학 또한 개념적 구성물임을 강조합니다.

"첫 번째 이율배반은, 우리의 세계상이 경악스럽게도 무채색이며, 차갑고, 말이 없다는 발견이다. 색과 소리 그리고 뜨거움과 차가움은 우리의 직접적인 감각이다. 우리 자신의 정신적인 자아가 배제된 세계 모형 속에 그런 감각들이 없다는 것은 별로 놀랄 일이 아니다."

갈릴레이는 수학을 '우주의 언어'라고 불렀지만, 수학이라는 언어는 일상 언어와는 궤를 달리하는 구성물입니다. 일상 언어는 인류의 긴 진화의 여정에서 다양한 모습으로 변하는 환경과의 상호작용을 통해 다듬어진 존재로 흔히 '자연어'라고 부릅니다. 언어학자 촘스키는 인류의 언어에 '보편 문법'이 존재한다고 주장하면서 다음과 같이 말합니다. "화성인 과학자들은 여백의 차이가 있을 뿐 하나의 단일한 인간 언어만 있다는 합리적 결론에 도달할지도 모를 일이다."

그런데 바로 언어의 여백이 의미를 함축하는 부분이므로 여백의 차이야말로 언어의 본질로 보아야 할 것입니다. 자연어와 달리 수학은 인류가 '수(數)'라는 추상적 존재를 이용하여 의도적으로 구성한 형식입니다. 언뜻 촘스키의 보편 문법이 떠오르지만, 과학철학자 쿤은 수학이 보편적 언어가 아니라 통사론적 구조일 뿐이라고 말합니다.

"시가 똑같은 것들에 다른 이름을 붙이는 예술이라면, 수학은 서로 다른 것들에 같은 이름을 붙이는 예술이다."라는 수리물리학자 푸앵카레의 논평에서 보듯이, 논리성이라는 형식적 편의성에 기초하는 수학은 어쩌면 '상대적 비유'라는 수사법의 일종으로 보는 편이 타당할 듯싶습니다. 수학은 문화적 구성물임이 분명합니다.

수학의 바탕인 논리적 추론에서 결론이 전제에 대한 필요조건을 충족하면 '참'이라고 정의합니다. 그런데 논리 조건을 충족하는 전제와 결론의 관계에서 진리성의 점검 없이 타당성에만 초점을 맞춘다면 비트겐슈타인의 논평처럼 논리성은 동어반복에 그친다는 점을 유의해야 합니다. 바로 민스키의 경고가 떠오르는 논리의 특성입니다.

종교의 시대가 '법(law)'이라는 인문적 필연성에 근거했다면, 과학의 시대는 '법칙(law)'이라는 과학적 필연성에 기초합니다. 우리는 종교와 과학이라는 두 개념을 비교하면서 종종 과학 없는 종교는 공허하고, 종교 없는 과학은 절름발이라는 경구적 표현을 마주하게 됩니다. 이 표현은 종교와 과학이 상호 보완을 이루는 접점에 대한 이해를 전제로 하는데, 이런 통합된 지식이 가능해 보이지 않는다는 것이 문제입니다. 그렇다면 이 표현은 종교의 대척점이 과학이 아니라 철학이라는 사실에 대한 몰이해가 낳은 공허한 미사여구로 보아야 할 것 같습니다. 특히 종교는 과학의 사생아가 아니므로 굳이 과학의 자녀임을 입증할 필요가 없다는 점도 염두에 두어야 할 것입니다.

때로 우리는 과학의 교양화에 열을 올리는 과학의 전도사들을 대하게 됩니다. 과학의 맹신도로 보이는 이들은 "생명 현상이란 단지 산화와 환원에 불과한 반응일 뿐"이라고 단정합니다. 그러나 이러한 단순화는 무지에서 비롯된다는 사실을 — 유전자 결정론을 넘어 생물이 외부 환경에 적응하는 데 필요한 변화를 스스로 만들어낸다는 통합적 관점을 제시한 — 시스템생물학이 알려줍니다. '…일 뿐이다.'라는 표현은 단지 모형을 이야기하고 있을 뿐입니다. 모형은 인간의 이해를 돕기 위해 단순한 형식으로 꾸민 서사일 뿐, 현상은 모형이라는 서사를 넘어선 곳에 존재합니다.

 모든 생명체가 한 뿌리에서 갈라져 나온 줄기들이라는 다윈의 진화론은 오늘날 유전자가 발견됨으로써 과학적 근거를 얻은 듯이 보입니다. 그런데 자연선택에 근거해서 모든 생명의 뿌리가 하나라는 점을 주장하고는 있지만, 유전 기제를 포함한 생물학의 세부에 대해 별로 알려진 것이 없던 시절에 다듬어졌기 때문인지 틈새가 있어 보인다는 것이 문제입니다.
 이제 인간종은 스스로 환경을 파괴할 뿐만 아니라, 생존이 아닌 자신의 가치를 위해 '핵 단추'를 누름으로써 모든 생물을 멸절시킬 정도로까지 진화했습니다. 다윈은 이렇듯 공멸을 선택하는 인간의 행위조차도 자연선택이라 주장할까요? 자연의 산물인 생물의 모든 행위가 자연선택이라 주장한 다윈은 생물인 인간의 모든 행위가 생물학의 대상이라며 사회생물학을 제창한 에드워드 윌슨을 연상시킵니다.
 생물종은 자연선택이 마련한 진화의 길을 따른다고 주장하는 다윈은 자연과 인공의 구별을 거부합니다. 그런데 유전자 조작이라든가 인공지능의 창조에서 보듯이, 인간종은 자연선택이 마련한 진화의 길을 벗어나 스스로 진화의 방향을 결정하는 인공선택을 따라 혁명의 길로 나아갑니다. 여기서 자연선택의 기준은 생존이지만, 인공선택의 기준은 가치임을 기억해야 합니다.
 품종 개량에서 보듯이 선택하는 주체의 가치에 근거하는 의도적인 행위는 인공선택입니다. 이러한 인공선택은 선택의 주체가 존재하지 않는 자연선택과는 근본적으로 다른 개념으로 보아야 합니다. 특히 문화가 인공선택의 결과라는 이해가 없이는 인간의 진화를 제대로 파악할 수 없으므로, 결국 인간의 진화 과정에 대한 맹점을 지닌 다윈의 진화론은 불완전하다고 볼 수밖에 없을 것입니다.

모든 선택은 의도적이고, 의도는 이유를 품고 있습니다. 그리고 이유는 서사에서 비롯되므로 인공선택은 서사의 산물입니다. 즉 인공선택의 배후에는 서사라는 숨은 그림이 존재합니다. 특히, 서사는 인공선택의 결과가 문화로 정착하는 데 있어 핵심 역할을 합니다. 그런데 서사와 관련해서 진화론의 흥미로운 점은 자연선택임에도 선택의 이유에 대해 제3자인 다윈 자신의 서사가 곁들인다는 것입니다.

동물의 생존 과정이 의식에 의존하는 생존경쟁의 과정이라면, 인간의 생존 과정은 마음에 근거하는 서사 경쟁의 과정입니다. 서사는 가치의 세계입니다. 따라서 서사 경쟁은 가치 충돌의 문제입니다. 인간종은 '호모'라는 새로운 종명이 부여되는 시기에 이미 생존경쟁이 문제가 되는 의식의 영역인 자연선택을 벗어나 서사 경쟁이 문제가 되는 마음의 영역인 인공선택의 길로 들어섰다고 보아야 합니다.

가치에 의한 의도적 선택인 인공선택의 결과는 마침내 문화로 정착하게 됩니다. 그리고 문화로 인해 인간종은 자연선택의 그물을 벗어날 뿐만 아니라 인과관계의 사슬마저도 풀어버리게 됩니다. 그래서 문화를 지닌 인간종의 출현은 진화사의 변곡점입니다. 이로부터 지구의 역사는 예측을 불허하는 방향으로 흐름을 타게 됩니다.

'호모'라는 종명이 부여된 이후 인류는 서사를 떠난 삶이란 생각조차 하기 힘든 존재로 진화합니다. 즉 인간의 모든 행동에는 서사가 스며들게 됩니다. 특히 현생 인류의 초기에는 개인의 서사보다는 집단의 서사가 생존에 더 중요한 역할을 했을 것입니다. 여기서 서사에 대한 이해가 자연과 인공의 구별이라는 문제의 열쇠임을 알아야 합니다. 따라서 서사 기제를 조정하는 인간의 마음이라는 존재는 생존 기제를 통제하는 동물의 의식과는 구별되어야 합니다.

 유기체의 생존에는 표현형인 개체로서의 대응이 필수적이므로 신체의 통제가 요구됩니다. 생존을 위해 신체를 통제하는 기제가 바로 의식이라는 존재입니다. 그래서 일반 동물의 삶은 생존 기제인 의식에 의존하는 생존 모드의 방식입니다. 사건이라는 단편적 상황극을 기억하는 능력인 의식은 모든 동물에 존재하지만 단지 단문의 구성을 가능하게 할 뿐입니다.

 인간종은 진화 과정에서 언어를 이용한 서사 구축 능력을 지니게 됨으로써 마음을 완성하게 됩니다. 마음은 복문의 구성을 통해 서사적 맥락을 구축함으로써 체험의 맥락적 이해가 가능하게 만듭니다. 생존을 넘어 생활을 영위하는 정신의 조정 기제인 마음은 언어에 근거하는 과정인지라 오직 인간에게만 존재합니다. 즉 인간의 삶은 동물과 달리 서사 기제인 마음에 의존하는 생활 모드의 방식입니다.

 생활 모드는 인류의 초기에 출현한 ― 조기 출산한 유아의 보호를 위한 ― 집단생활에서 비롯됩니다. 집단생활에서 개인의 돌출 행동을 제어함으로써 집단의 방어막 구실을 했던 집단 감각질이 서사의 구축에 힘입어 점차 문화라는 형태로 자리를 잡게 됩니다. 즉 인류의 초기 집단에 '사회'라는 생활 모드가 형성되기 시작한 것입니다. 인간의 사회는 개미나 벌의 군집과는 달리 인공선택의 결과물입니다.

 그런데 시간이 흐름에 따라 집단의 방어막인 문화의 속성이 변질

되어 집단을 속박하는 굴레로 탈바꿈하게 됩니다. 동물의 세계에서 사춘기는 부모로부터의 독립을 부추기는 호르몬의 작용에 의합니다. 이러한 사춘기를 극복함으로써 가족을 형성하고 살아가는 인간은 신체의 주요 부위를 가려야 한다는 관습에 따라 의복을 착용하게 되고, 이로써 신분을 가늠하는 별난 사회적 생물종이 되기에 이릅니다.

 모든 인간이 풀어내는 서사가 씨줄과 날줄로 엮이고 짜이는 세상은 서사의 태피스트리입니다. 인간은 언어를 배우고 맥락의 구축이라는 훈련을 통해 마음을 갖추게 됩니다. 그리고 스스로 서사의 실을 풀어냄으로써 생활 모드의 핵심인 서사 경쟁에 뛰어들게 되는데, 서사 경쟁에서는 몸짓도 서사의 일종으로 풀이됨을 기억해야 합니다. 생존경쟁이 자연선택의 그물이라면, 서사 경쟁은 인공선택의 낚시입니다.
 서사의 세계는 귀에 걸면 귀걸이 코에 걸면 코걸이 식으로 해석의 융통성이 존재하는 세계입니다. 심지어는 해석 과정에서 본말의 전도나 비약이 일어나기도 합니다. 그리고 때로는 화자(話者)의 서사가 청자(聽者)의 사연으로 읽히기도 합니다. 이로 인해 화자가 주장하는 서사의 초점과 청자가 해석하는 서사의 초점이 서로 어긋나는 서사의 곡해가 생각보다 자주 문제를 일으키곤 합니다.
 서사의 구축을 통해 이야기를 지어내는 작업은 정신적인 과정으로 새로운 세계의 창조를 의미합니다. 인간의 두뇌는 매 순간 감각을 통해 입력되는 정보를 지각표상으로 변환한 후 기억이라는 자료를 이용해서 처리합니다. 그리고 가치의 순서대로 정리하여 서사적 맥락을 구축함으로써 자신만의 세계를 창조합니다. 이런 의미에서 우리는 그리스 신화에 나오는 신이고, 세상은 올림포스 산인 셈입니다.

서사 구축 능력은 인간이 지구를 지배할 수 있도록 만든 원동력입니다. 서사는 정보와 지식의 전달 매체로서 미래를 설계하는 틀이 되기 때문입니다. 문제는 서사 구축에 감정이 개입함으로써 '서사 전이(敍事轉移, narrative-shift)'라는 특이 현상을 일으키게 된다는 것입니다. 서사 전이는 구축된 서사에 등장하는 인물로의 감정이입을 통해 자기최면이 실행되는 심리 현상을 일컫습니다. 특히 서사 전이는 서사 속의 가상현실을 실제 현실로 혼동하게 만드는 부작용이 따릅니다.

서사 전이는 가상인과의 연쇄 반응입니다. 먼저 감각적 입력이 지각표상의 해석을 거치면서 가상인과로 이루어진 줄거리가 구성됩니다. 이를 토대로 마음이 가상현실을 구축하는 단계가 서사 전이의 시작입니다. 이어서 우리의 마음은 뇌의 신경 네트워크를 조정하여 가상현실 속에 구축된 가공의 세계를 현실 속의 실재로 인식하고 행동하도록 우리의 신체마저 통제함으로써 서사 전이를 완성하게 됩니다.

일상에서 겪는 서사 전이로는 가짜 약인데도 진짜라고 긍정적으로 생각해서 약효가 나타나는 '플라세보 효과'가 있습니다. 누군가는 플라세보 효과를 화학적으로는 불활성이지만 생물학적으로는 활성인 현상으로 표현하기도 합니다. 또한 이와 반대로 진짜 약인데도 약의 효과를 부정적으로 생각해서 약효가 없거나, 혹은 주술(呪術) 등 미신을 믿음으로써 신체적 고통이 악화하는 '노세보 효과'도 있습니다. 특히 누구에게나 적용되는 보편적 특성인데도 듣고는 바로 자신의 이야기로 투사하는 '바넘 효과'라는 서사 전이는 점쟁이의 단골 메뉴입니다.
 위약 효과라 부르는 플라세보 효과는 신체를 통제하는 생리화학적 물질 반응의 활성화가 '생각'만으로도 조정된다는 희한한 사실을 보여줍니다. 의도와 무관한 '동작(motion)'과 달리, 의도가 따르는 '행위(action)'는 근육의 운동을 통제하는 신경의 화학반응을 '생각'에 의해 조정함으로써 일어납니다. 예를 들어, '생각을 말하기'에서 '생각하기'는 두뇌 신경계의 조정을 뜻합니다. 그리고 '말하기'는 성대와 혀의 근육을 통제하는 신경의 화학반응을 조정함으로써 가능합니다. 즉 '말'이란 신체의 생리화학적 물질 반응을 '생각'으로 조정한 결과인 것입니다.

 다시 서사의 문제로 돌아와서, 견해차로 인한 논쟁 역시 견해라는 서사의 경쟁입니다. 일찍이 플라톤은 스승인 소크라테스의 죽음이 탁월한 이야기꾼인 아리스토파네스의 「구름」이라는 연극 때문이라고 생각했습니다. 아리스토파네스가 연극에서 소크라테스를 사기꾼으로 몰았고, 대중들이 그의 이야기에 전염되는 바람에 스승이 옥에 갇히고 죽음을 맞이하게 되었다고 생각한 것입니다.
 유능한 이야기꾼은 인간의 감정을 조종할 줄 압니다. 이런 생각이 바로 플라톤이 이야기꾼을 경계한 진짜 이유였습니다. 이야기는 격렬한 감정 반응을 부추기는 게 전부라고 생각한 플라톤은 이야기를 평가 절하했습니다. 그래서 그는 이야기가 없는 세상을 꿈꾸었으며, 이야기꾼을 사회에서 추방해야 한다고까지 주장했습니다. 하지만 스승의 죽음에 대한 플라톤의 주장 또한 그 자신의 서사일지 모릅니다.
 과학의 시대로 들어서면서 문제는 개인 미디어 등 다양한 대중

매체의 출현이 서사의 왜곡을 심화시킨다는 것입니다. 엔터테인먼트라는 허울 아래 온갖 서사를 지어내어 사고파는 일이 문화로 정착하면서, 대중 매체의 발전은 서사의 남용을 부추기고 서사의 범람을 초래하게 됩니다. 게다가 앞으로 A.I.까지 서사의 창작에 가세하게 된다면 서사의 남용과 범람은 상상을 초월할 정도로 가속화될 것입니다.

가장 우려되는 상황은 자유를 빙자한 서사의 남용에 편승한 서사 전이가 이윽고 서사 중독이라는 병증을 유발하고, 그릇된 서사의 구현을 부추기게 된다는 점입니다. 중독은 생존마저 위협하는 독소입니다. 서사 중독은 모든 중독이 그렇듯이 더욱 강한 자극을 찾도록 우리를 유혹함으로써, 마침내 우리의 일상을 현실로부터 유리시켜 마비시키고 심각한 서사적 혼란의 소용돌이 속으로 밀어 넣게 될 것입니다.

서사를 마음대로 다루는 이야기꾼인 인류를 표현하기 위해 누군가는 '호모 픽투스(Homo Fictus)'라는 새로운 종명을 붙이기도 합니다. 서사적 동물인 인간은 새로운 종명에 걸맞게 앞으로도 계속 이야기를 지어낼 것입니다. 특히, '우리는 어디서 왔는가, 우리는 무엇인가, 우리는 어디로 가는가?'라는 서사적 호기심이 충분히 충족되었다고 생각할 때까지 끊임없이 이야기의 실타래를 엮어갈 것입니다.

이 에세이는 1만 년도 채 안 되는 짧은 시간에 인류로 하여금 눈부신 진화적 성취가 가능하도록 만들어준 인공선택과 그 바탕을 이루는 가상인과를 서사의 역사와 함께 풀어보려는 하나의 서사입니다. 먼저 인간이 지닌 서사 능력의 진화 과정을 통해 서사의 구성과 작동 원리를 이해하고자 합니다. 그리고 문제를 일으키는 서사

전이라는 부작용에 대해서도 살펴보려 합니다.

또한 '병 속의 새'를 비롯한 화두라는 서사의 미로와 함께 패러독스를 포함하는 문화적 서사를 중심으로, 인류를 공멸의 길로 이끄는 자유를 빙자한 서사의 남용과 서사 전이로 인한 그릇된 서사 경쟁의 문제를 짚어보려 합니다. 이 에세이는 서사의 미혹과 서사 중독을 벗어나 서사적 습성을 효율적으로 제어하는 길을 찾아보고, '인간이란 무엇인가?'라는 질문을 풀어보려는 또 하나의 이야기 실타래입니다.

제1장

캄브리아기 빅뱅과
페르미의 역설

> 의식 = 인식작용의 주체
> 마음 = 재인작용의 주체
> 실체 = 인식작용의 객체
> 실재 = 재인작용의 객체

페르미의 역설

📖 1950년의 어느 여름날, 페르미와 텔러 그리고 요크와 코노핀스키라는 네 명의 세계적인 과학자들이 로스앨러모스에서 함께 모여 점심 식사를 할 기회를 갖게 됩니다. 그날 그들의 대화 주제는 우주에 외계 문명이 존재할까 하는 문제였습니다. 우주의 크기와 나이를 고려할 때, 인류 문명과 같은 고등 외계 문명의 존재는 당연하다는 쪽으로 의견이 모였습니다. 그때 페르미가 난데없이 질문을 던집니다. "그런데 그들은 어디에 있나?"

『코스모스』의 저자인 칼 세이건은 "광활한 우주 공간에 우리 인간 뿐이라면, 이 얼마나 엄청난 공간의 낭비인가!"라고 이야기합니다. 이렇듯 방대한 규모의 우주를 보면 외계 문명의 존재는 너무나도 당연해 보입니다. 그리고 정말 외계 문명이 존재한다면 그중에는 지구 문명보다 먼저 발생해서 오랜 시간 존재한 선구적 문명도 있을 것이고, 일부는 이미 지구에 도착했어야 할 것도 같습니다. 우주의 외계 문명은 충분히 존재할 수 있다, 그런데 그들은 왜 보이지 않느냐 하는 것이 바로 페르미의 역설입니다.

그런데 마치 페르미의 역설에 답이라도 하듯이, 앞서 이야기한바 있는 『2001 스페이스 오디세이』라는 소설에서 작가인 클라크가 흥미로운 견해를 제시합니다. 아주 먼 원시 시대의 지구에 유인원들이 살고 있습니다. 그런데 어느 날 그들은 동굴 바깥에 새카만 직육면체의 금속 탑이 서있는 것을 보게 됩니다. 새카만 직육면체의 금속 탑과 함께 생활하던 유인원들은 어느 날 뼈 토막을 손으로 움켜잡음으로써 도구의 사용이 가능해집니다. 그리고 금속 탑은 사라집니다.

움켜잡는 행위는 엄지손가락이 나머지 손가락과 맞닿는, 이른바 '맞닿는 엄지'의 진화 덕분입니다. 그런데 인류의 진화사를 보면 묘하게도 '맞닿는 엄지'와 직립보행 그리고 두뇌의 팽창과 후두의 하강에 따른 언어 사용의 시작이 모두 비슷한 시기에 집중되어 일어납니다. 『2001 스페이스 오디세이』에서는 유인원들이 뼈 토막을 도구로 사용하는 장면이 금속 탑의 출몰과 연결되어 있습니다. 작가는 일찍이 지구에서 지능을 지닌 종이 탄생하기 위해서는 외계 문명의 도움이 있어서 가능했다고 암시하는 듯 보입니다.

그리고 소설은 앞서 지구에 세워졌던 새카만 직육면체의 금속 탑과 같은 금속 탑을 지구의 위성인 달에서도 발견하는 현재 상황으로 이어집니다. 그런데 달에서 발굴한 직육면체의 금속 탑이 햇빛에 노출되는 순간 강력한 전파가 금속 탑에서 우주 공간으로 날아갑니다. 햇빛에 활성화되어 마치 보고라도 하듯이 한 방향으로 송출되는 전파는 금속 탑이 먼 옛날 외계 문명에 의한 인공적 구조물임을 보여줍니다.

 마치 클라크의 소설처럼 오늘날 인류는 100여 년 동안 전파 송출을 통해 우리의 존재를 우주의 모든 방향으로 알리고 있습니다. 하지만 이 정보는 현재 지구에서 100광년 떨어진 거리에 도달했을 뿐입니다. 빛이 100년간 이동한 100광년이라는 거리가 엄청나게 커 보이는 듯싶지만, 그 범위 안에 있는 항성계는 고작 75개 정도입니다.
 우리 은하계의 지름이 약 10만 광년이고, 항성의 숫자가 5,000억 개가 넘는 것을 고려한다면 100광년이라는 거리는 바로 옆집 정도나 다름없습니다. 또한 반대로 1만 광년 떨어진 별에서 외계인이 아무리 열심히 전파를 쏘아 보내고 있더라도 우리는 이러한 사실을 1만 년이 지날 때까지는 알 길이 없습니다.
 게다가 문제는 전파가 퍼져 나갈수록 세기가 점차 약해져서 ― 비록 사라지지는 않겠지만 ― 결국 잡음 속에 묻히고 말 것이라는 사실입니다. 모든 요소를 종합해 볼 때, 우리의 현실은 페르미의 역설을 제기하기에는 우주를 너무나도 조금밖에는 알지 못하고 있다는 생각이 듭니다.
 이러한 상황을 누군가는 다음과 같은 우스갯소리에 빗대어 이야기하기도 합니다. 서울의 한 아파트에 사는 사람이 옆집의 초인종을 누른 뒤 아무 응답이 없자, "어~, 지구에는 나 말고는 인간이 없는 건가?" 하고 고민하는 것과 같다고 말입니다.

　외계에도 문명이 존재한다면 그건 외계에도 생명이 존재한다는 의미입니다. 그런데 외계의 생명체는 어떤 모습일까요? 지구의 생명체는 단순한 형태에서 복잡한 형태로 나타나고 있어서 생명체가 진보한다는 생각이 들게 합니다. 특히 생물학 교과서가 단세포동물에서 시작하여 다세포동물, 파충류, 포유류 그리고 궁극적으로 인간에 이르는 도식화된 진화의 모습을 보여줌으로써 이러한 편견을 부추깁니다.

　그러나 진화는 수정을 통한 진보의 과정이 아닙니다. 고생물학자 굴드는 진화란 단지 전체 시스템 안에서 생명체의 다양성이 증가하는 현상일 뿐이며 그 결과는 예측할 수 없다고 『풀 하우스』라는 책에서 주장합니다. 매 순간의 자연환경이 진화 메커니즘의 주된 요인이기 때문에 진화는 방향성을 가질 수 없으며, 또한 되풀이될 수도 없다는 굴드의 이야기에 귀를 기울이다 보면 외계의 생명체는 지구의 생명체와는 전혀 다른 모습일지도 모른다는 생각이 듭니다.

생명이라는 창발성

📖 인간이 세계를 바라보는 방식에는 성분에 주목하는 구조적 의미의 원자적 세계관과 속성에 주목하는 구도적 의미의 분자적 세계관이 있습니다. 두 세계관 모두 집합적 사고방식임은 분명하지만, 원자적 관점과 분자적 관점은 서로 판이하게 다른 관점입니다.

원자는 분자를 구성하는 성분이고, 분자는 구성 원소인 원자들이 결합한 상태입니다. 그런데 원자들의 집합인 분자는 결합이라는 과정을 통해 구성 원자들이 갖지 못한 새로운 속성을 나타내 보입니다. 이를 일컬어 '창발성'이라고 합니다. 여기서 비록 동일한 원자들을 성분으로 갖는 분자라 해도, 분자에 속한 원자의 배열 방식의 차이에 따라 서로 다른 창발성을 나타내게 됩니다.

이때 구성 성분에 주의를 기울이는 해석은 원자적 관점이 되겠고, 배열 상태에 주의를 기울이는 해석은 분자적 관점이 되겠습니다. 또한 원자적 관점은 내용에, 그리고 분자적 관점은 형식에 의미를 부여한다고도 볼 수 있을 것입니다. 그런데 원자적 관점과 분자적 관점은 각각 실체와 실재를 의미한다고 볼 수도 있어 흥미를 더합니다.

생명이라는 현상의 이해는 생명을 이루는 물질의 이해로부터 시작해야 할 것입니다. 생명은 물리학과 화학의 공조를 통해 탄생합니다. 물질의 기본을 이루는 원자의 세계는 물리학에 의해서 이해가 가능하고, 원자들의 모임을 통해 속성을 갖게 되는 분자의 세계는 화학을 통해서 이해가 가능합니다.

흩어져 있던 원자들의 모임은 공명진동이라는 현상을 통해 분자를 형성하게 됩니다. 이때 원자들로 이루어진 분자들은 그 구성 원자들이 갖지 못한 새로운 속성을 창발성으로 갖게 됩니다. 이렇게 새로운 물리적 특성을 갖춘 분자야말로 세상을 만드는 기본 단위입니다.

지구 형성의 초기에도 비평형 농도 분포의 형성이라는 현상이 일어날 수 있습니다. 그러나 이는 다만 일시적인 현상일 뿐 수동적인 자연의 변화 과정은 비평형 농도 분포를 결국 평형 상태로 되돌리고 맙니다. 그런데 분자의 규모가 점차 커지다가 이윽고 단백질이라 부르는 거대 분자의 조합이 출현하게 되면서 상황이 달라집니다.

단백질 중 어떤 종류는 열수공(熱水孔) 근처처럼 에너지의 지속적인 공급이 가능한 환경에서 비평형 농도 분포를 계속 유지할 수 있는 '항상성'을 갖추게 됩니다. 개방형 정상 상태의 진동이 지속되는 코히런트 진동이 형성된 것입니다. 이렇게 특정 단백질에 나타난 지속 가능한 개방형 정상 상태의 진동이 '생명'이라 부르는 창발성인 것입니다. 생명은 가치에 근거하는 필요성을 따르는 창발성의 세계입니다.

생명의 탄생인 개방형 코히런트 진동 회로의 출현은 지각회로의 생성으로 이어집니다. 그리고 필요성의 요구에 따라 물질대사와 정보대사라는 능동성을 갖춘 유기체의 형태로 진화의 길을 밟아 나가게 됩니다. 여기서는 생명을 물질대사와 정보대사로 정의했습니다만, 생명의 조건에는 번식도 들어갑니다. 그런데 생명의 조건에 번식이 들어간다는 사실은 유기체가 탄생 단계에서 이미 자기 생명의 유한성을 인지하고 있음을 시사하는 듯싶어 흥미롭게 느껴집니다.

진화 초기 단계의 유기체는 물리적 자극에 직접 반응하는 단순 자극 처리 기제인 국소적 대응 기제만으로 이루어졌을 것입니다. 이러한 국소적 대응 기제는 이어서 개체 전체가 자극을 공유하는 전역적 대응 기제의 방향으로 진화가 진행되었을 것입니다. 전역적 대응 기제는 입력 정보를 공간적으로 공유하는 의식이라는 기전과 시간상으로 공유하는 기억이라는 기전이 통합된 개념입니다.

생명체를 들여다보면 흥미로운 일들이 많습니다. 전체가 유기적 관계를 이루는 하나의 개체로 보이는 생명체도, 자세히 들여다보면 독립적인 여러 세포의 집합체임을 알 수 있습니다. 그런데 유기체라는 개체의 입장에서 보면, 고맙게도 부분을 이루는 세포들이 모두 독립성을 유보한 채 전체로서의 통일된 행동에 동참하고 있습니다.

하나하나의 세포는 독자적인 삶을 갖고 있습니다. 이러한 세포의 삶은 분자 수준의 과정입니다. 즉 세포 수준의 세계는 분자의 교환과 이동이 주를 이루는 분자의 세계입니다. 분자로 이루어진 생명체의 활동에 필요한 에너지의 공급은 당연히 이러한 분자 수준의 화학반응인 미시적 물질대사에 의존합니다.

진화 과정에서 중요한 역할을 하는 사건은 돌연변이인데, 돌연변이 또한 분자 수준에서 일어나는 사건입니다. 그런데 돌연변이 중에서 적응에 성공한 개체가 살아남는다는 결과론에다 '자연선택'이라는 목적론적 개념을 갖다 붙인 다윈도 이상하지만, 돌연변이가 개체 적응의 유불리와 상관없이 무작위로 일어난다는 당연한 과정에다 '중립 진화'라는 표현을 사용한 기무라 모토도 이상하긴 마찬가지입니다.

슈뢰딩거는 돌연변이가 우연에서 비롯된다고 말합니다.

"우리는 돌연변이의 주원인이 물리학자들이 말하는 열역학적 요동이라고 믿을 근거를 가지고 있다. 다시 말해서 돌연변이는 순수한 우연에서 비롯된다." 그리고 이러한 우연성이 어떻게 생물이 특수화하는 현상으로 이어지는지에 대해 다음과 같이 말합니다. "사실은 '특정 방향으로의' 변화의 작은 시작 부분만 그렇게 우연히 일어난다고 나는 믿는다. 최초의 작은 출발은 소성이 가능한 물질을 출발점에서 획득한 유리한 방향으로 – 자연선택이라는 방법을 통해 – 더욱더 체계적으로 두드리는 환경을 자신에게 제공한다."

비록 분자로 이루어진 생명체라 할지라도 표현형의 세계인 지구에서 거시적 환경의 위협을 직접 마주하는 존재는 당연히 유기체입니다. 따라서 위험 회피 등 생명체의 생존은 주위 환경에 대해 개체수준의 반응을 결정하는 유기체의 거시적 정보처리에 의존하게 됩니다.

이렇듯 유기체의 표현형만이 주위 환경을 직접 인지하므로 개체의 생존을 좌우하는 요소는 표현형인 형질입니다. 그래서 표현형의 형질은 생존 과정에서 결정적인 역할을 합니다. 유기체의 생존 과정은 유전자의 보전 문제로 직결됩니다. 즉 유전자를 담고 있는 유기체라는 그릇이 깨진다면 유전자라는 내용물의 보존은 불가능합니다.

그렇다고 해서 유기체의 생존 과정을 유기체가 유전자를 보호한다든가 또는 유전자가 유기체를 이용한다는 식으로 표현해서는 안 됩니다. 이는 단지 인간의 서사적 습성에 따른 해석일 뿐임을 기억해야 합니다. 사실 유기체와 유전자의 사이에는 창발성이라는 문제가 가로 놓여있어 간단한 문제가 아닙니다.

　때로는 속모습을 통해 겉모습의 설명이 가능하기도 합니다. 환원이라는 방식이 적용되는 형식의 문제가 바로 그런 경우입니다. 그러나 이러한 문제에는 '형식은 환원되지만, 내용은 환원되지 않는다.'라는 환원 원리가 고려되어야 합니다. 형식과 달리 내용은 창발성이라는 비환원적 요소를 지니고 있어서 환원이 불가능하기 때문입니다.

　생명체를 들여다보면 속모습은 미시계에 속하는 유전형이지만, 겉모습은 거시계에 속하는 표현형입니다. 이때 표현형이라는 겉모습의 속성인 형질은 속모습의 특성인 분자 구조만으로는 설명할 수 없습니다. 생명 자체도 창발성이긴 하지만, 형질이라는 표현형의 속성이야말로 전형적으로 복합적인 창발성이기 때문입니다.

　세상을 어떻게 보는가 하는 관점의 문제는 보는 이의 크기가 관련되는 스케일의 문제입니다. 지구는 표현형이라는 창발성의 전시장과도 같습니다. 즉 지구상에서의 일상은 지구를 가득 채우고 있는 표현형들이 상호작용을 하는 과정입니다. 그래서 지구는 자연인과가 지배하는 유전형의 세계가 아니라, 가상인과가 지배하는 창발성으로 이루어진 표현형의 세계로 이해할 필요가 있습니다.

생물이라는 나노 기계

📖 앞서 슈뢰딩거의 표현처럼 모든 시작은 우연이고, 모든 과정은 필연입니다. 그래서 과정과 달리 시작에 대한 논리적 설명은 가능하지 않습니다. 지구상에서 최초로 생명이 탄생한 기원 역시 설명이 어려운 현상으로 여전히 수수께끼입니다. 화학자 아레니우스는 생명의 씨앗이 외계로부터 왔다는 범종설을 주장합니다. 그리고 유전의 핵인 DNA를 발견한 물리학자 크릭은 정향 범종설이라는 이름으로 생명이 외계로부터 유입되었다는 주장에 동조합니다. 생명의 외계 유입설은 페르미의 역설을 떠오르게 합니다.

한편, 물리학자 카우프만은 『무질서가 만든 질서』라는 책에서 생명의 기원을 레고 조각처럼 행동하는 분자에 비유합니다. 그는 분자라는 레고 조각들이 촉매를 이용하여 자기조직화의 형태로 생명체의 기초를 형성한다고 주장합니다. 그리고 이렇게 형성된 생명체의 기초는 증식이 가능해짐으로써 생명체를 완성하게 되고, 완성된 생명체는 자연선택을 통해 변종을 낳게 된다고 설명합니다.

카우프만은 또한 우발적이지만 무작위는 아닌 창발성이 물리학을 바탕으로 하지만 물리학을 넘어서 있다고 이야기합니다. 물리학이 생물학적 기능을 인과적 결과로 구분할 수 없기 때문에 생물학은 물리학으로 환원될 수 없다는 주장입니다. 사실 창발성은 체험의 산물인데 물리학에는 체험이라는 개념이 설 자리가 마땅치 않아 보입니다.

이처럼 생명의 탄생 과정도 특이하지만 이후 생명체의 진화 과정 또한 희한합니다. 그런데 희한한 진화 과정을 설명하는 진화론은 더욱 희한해 보입니다. 과거가 현재를 결정한다며 결과인 현재를 중심으로 과거를 추론하는 진화론은 일종의 결과론입니다. 특히 과거에서 현재로 이어지는 사연이 항상 인과적이지만은 않다는 사실을 알면서도 현재라는 결과물에 진화론의 흐름을 꿰맞추기 위해 엉뚱한 서사를 끌어들인다면 이는 확증 편향으로 보아도 무방할 듯싶습니다.

어쨌든 진화의 문제와 관련해서는 굳이 과정을 캐묻지 않는 전통이 있는 듯합니다. 예컨대, 진화론에서는 원핵생물인 박테리아보다 세포내막계가 복잡한 진핵생물이 10억 년 전에 출현했다는 식의 선언적 진술에 대해 구체적 과정의 추궁이 유예됩니다. 또한 진화가 단순히 적응이라는 개념에 근거하는 자연선택에 의한다는 식으로 서술적 가설을 사용해도 구체적인 추궁이 면제됩니다. 이런 대우는 진화론을 마치 과학이라는 제국의 치외법권 지대처럼 보이게 합니다.

생물의 역사가 예측 가능하다는 종래의 견해에 '우연성(contingency)'이라는 요소가 추가되면서 진화라는 '야외극'을 사후적인 관점에서만 충분히 이해할 수 있고, 엄밀한 설명이 필요한, 전혀 있음 직하지 않은 사건들의 연속으로 바라보게 되었다고 굴드는 주장합니다. 그리고 그는 이어서 생물 진화의 역사가 모두 녹화된 테이프를 초기까지 되돌려서 다시 재생시킨다면 인류와 같은 지적 생물이 다시 출현할 가능성은 희박할 정도로 작아진다고 주장합니다.

생물의 화석은 일종의 정지 화면입니다. 그런데 화석이라는 정지 화면들 사이의 시공간에는 생물들 간의 상호작용뿐만 아니라 생물과 환경 간의 치열한 상호작용과 함께 우연한 사건도 존재할 것입니다. 화석이 된 생물의 실제 생활사는 당연히 이러한 모든 상호작용의 결과입니다. 하지만 화석만으로는 그들의 삶에서 당시의 필요성에 따른 상호작용의 단편만을 볼 수 있을 뿐입니다.

정지 화면의 단순한 연결이 동영상의 완성을 보장하지 않듯이 화석만 가지고는 화석이 된 생물의 실제 생활사까지 상세히 알 수는 없습니다. 그렇다면 화석만으로 생물의 진화사를 복원하려는 시도는 위험해 보입니다. 이런 관점에서 본다면 진화론은 엄밀한 과학 이론이라기보다는 서사적 설명으로 간주하는 편이 나을 듯도 싶습니다.

환경적 상황에 반응하는 것과 환경적 상황에 대응하는 것은 차원이 다른 문제입니다. 전자는 단순한 수동성의 문제에 그치지만, 후자는 능동성이 관련된 복잡한 문제이기 때문입니다. 그렇다면 진화사에서 자연선택이라는 과정을 무한한 시간이 수반되는 확률적 풀이로 치환하겠다는 태도에는 문제가 있다고 할 수 있습니다.

통계적 확률은 환경적 상황에 반응하는 기계적 특성인 수동적 내용으로만 이루어져 있을 뿐, 환경적 상황에 대응하는 유기적 특성인 능동적 내용이 빠져있습니다. 즉 확률적으로 투영하는 사상(寫像)의 문제는 무작위적인 '경우의 수'에만 의존하는 수학적 개념일 뿐입니다. 여기에는 생명 시스템과 직접 관련되는 창발성이나 상호작용 같은 사건의 본질적인 요소가 반영되어 있지 않다는 말입니다.

생화학자 마이클 베히는 다윈의 진화론이 생화학의 발견을 통해 한계를 드러내고 있다고 이의를 제기합니다. 자연선택이라는 개념이 막연할 뿐만 아니라 공허하기까지 하다고 생각하는 그는 『다윈의 블랙박스』라는 책에서 "분자 수준의 생물학적 시스템은 너무나 우아하고 복잡해서 그 기원을 설명하려는 과학의 시도를 무력화시켰다."라고 이야기합니다.

철학자 제리 포더 또한 진화론의 자연선택이라는 개념은 공허한 이름뿐이라고 주장합니다. 생존에 성공한 생명체가 특정 형질만으로 자연선택의 대상이 된 것이 아니기 때문이라는 것입니다. 즉 특정 형질로 인한 자연선택과 그에 따른 생존의 주장은, 생명체의 생존 과정에서 실제로는 수많은 속성의 합작으로 일어났을, 구체적인 서사를 모르는 상황에서는 합리적인 설명이 될 수 없다는 것입니다.

어쨌든 진화론이 아니라 진화설이 옳은 표현이라고 여길지도 모르는 베히는 진화라는 용어가 신축적인 용어라고 생각하고 다음과 같이 이야기합니다. "생명의 메커니즘에 대한 다윈적 설명이 영원히 불가능하리라고 생각되는 — 시스템의 구조 자체에 근거한 — 그럴듯한 이유들이 있다는 것이다."

기능과 기원에 대한 베히의 이야기를 더 들어봅니다.

"어떤 것의 기원을 이해하는 것은 그 일상적인 기능을 이해하는 것과는 다르다. … 어떤 한 기능을 정말로 이해하기 위해서는 그 과정에서 나타나는 모든 단계를 자세하게 이해해야 한다. 생물학적인 과정에서 그러한 단계는 분자 수준에 해당한다."

베히와 같은 생화학자의 눈으로 본다면 정교한 화학 공장을 방불케 하는 우리 몸에서 일어나는 복잡한 생화학 반응들이 단순한 시행착오를 거쳐 무작위로 구성되었다는 생각은 일종의 난센스로 보일는지도 모릅니다. 우리 체내에서 진행되는 분자생물학은 컴퓨터보다도 훨씬 더 정교하고, 효율적인 과정으로 이루어져 있기 때문입니다.

한편, 화학이 물리학과 생물학을 이어주는 과학이라고 생각하는 화학자 애디 프로스는 '화학으로 읽는 생명과학'이라는 부제가 붙은 『생명이란 무엇인가?』라는 책에서 다음과 같이 이야기합니다. "생명체는 모두 무생물과 동일한 '죽은' 분자로 이루어져 있지만, 이 분자들이 전체론적 앙상블을 이루는 상호작용으로 '우리'와 같이 매우 특별한 생명체를 비롯한 지구상의 모든 생명체가 만들어졌다."

방금 이야기한 프로스의 "생명체가 무생물과 동일한 '죽은' 분자로 이루어져 있다."라는 명제는 과학자들로 하여금 묘한 딜레마에 빠지게 함으로써 상반되는 두 견해를 낳게 만듭니다. 즉 생물학자에게는 생명체의 문제야말로 물리학이 풀 수 있는 문제라고 기대하게 만듭니다. 하지만 동일한 명제가 물리학자에게는 역설적으로 생명체의 문제가 물리학만으로는 풀 수 없다고 생각하게 만듭니다.

생물과 무생물이 동일한 성분과 동일한 방식으로 만들어져 있으므로 당연히 물리학으로 풀려야 한다는 입장을 생명의 기계론이라 부릅니다. 그리고 생명체는 무생물과 동일한 성분임에도 근본적 차이를 보이므로 그 차이를 만드는 무엇, 즉 '생기력'이라는 특별한 것을 가져야 한다는 입장을 생기론이라 부릅니다.

동일한 분자로 이루어져 있어서 성분만으로는 생물과 무생물을 구별할 수 없다면 그 차이를 풀 수 있는 열쇠는 최초에 분자들이 '전체론적 앙상블'을 이루게 되는 생명의 기원 과정을 들여다볼 필요가 있습니다. 생명의 본질이 외부로부터 에너지를 공급받아 '스스로' 움직이는 분자라면 이런 분자의 기원을 추적해 보는 작업이야말로 생명의 풀이 과정에서 중요한 길목이 될 것이기 때문입니다.

캄브리아기 빅뱅과 진화의 블랙홀

📖 5억여 년 전쯤, 우주에는 태양계가 은하계의 나선형 구역으로 진입하는 사건이 일어납니다. 그런데 흥미롭게도, 이 시기에 지구상의 생물권에도 또한 엄청난 변화가 일어나게 됩니다. 이 시기는 고생대와 중생대 그리고 신생대로 이루어지는 현생누대의 시작인데, 특히 고생대의 첫 시기를 캄브리아기라고 부릅니다.

생물의 분류 체계에서 '계(kingdom)'의 가장 큰 분류 항목을 '문(phylum)'이라고 부릅니다. 오늘날 지구상에 존재하는 동물계를 크게 분류하면 38문이 있는데, 이는 지구상의 동물계에 38가지의 기본적인 설계도가 존재한다는 말입니다. 그리고 이렇게 동물계가 38문으로 이루어졌다는 말은 지구의 생물학사에 적어도 38번의 획기적인 진화 사건이 일어났음을 뜻하기도 합니다.

지구 최초의 생명체는 약 38억 년 전에 출현했지만, 현존하는 동물 38문 중 33문이 약 5억4천만 년 전인 캄브리아기 때에 갑자기 출현합니다. 이러한 사실은 캄브리아기 지층의 화석에서 확인되는데, 현존하는 동물의 기본 틀이 캄브리아기에 갑작스럽게 완성되는 기이한 현상을 일컬어 '캄브리아기 대폭발'이라고도 표현합니다. 이와 같은 출현은 생물의 역사에서 최초 생명체의 출현과 산소에 대한 적응 및 진핵세포의 기원에 이어 네 번째 중요한 사건으로 간주됩니다.

선캄브리아기 지층에는 다세포 생물 화석이 없는데, 캄브리아기 지층에서 갑자기 완전한 생물 화석들이 발견된 것입니다. 즉 아직 바닷속에만 생물이 존재하던 캄브리아기에, 오늘날 38문을 이루는 지구의 동물 중 무려 33문이나 갑작스럽게 출현하는 대사건이 일어난 것입니다. 이 말은 적어도 38번에 이르는 획기적인 진화 사건 중에서 33번이 희한하게도 캄브리아기에 집중적으로 일어났음을 뜻합니다.

한편 지질학자 라이엘은 캄브리아기 대폭발 같은 것은 없고, 다만 캄브리아기 밑에서 화석이 나오지 않는 이유는 화석 기록이 불완전하기 때문이라고 주장합니다. 이를 일컬어 '라이엘의 감'이라 부르기도 합니다만, 어쨌든 이렇듯 캄브리아기에 일어난 다양화의 집중적인 진행을 두고 누군가는 생물종의 실험장이라고도 표현합니다. 이러한 상황은 또한 앞서 페르미의 역설이나 『2001 스페이스 오디세이』라는 소설의 금속 탑을 떠오르게 만드는 장면이기도 합니다.

다양한 동물종이 폭발적으로 출현하게 되는 캄브리아기 대폭발과 비슷한 시기에 또한 다양한 식물종이 함께 출현함으로써 이들은 나란히 육지를 정복하게 됩니다. 『이기적 유전자』를 저술한 도킨스가 "선캄브리아기 지층에서 찾아볼 수 없었던 복잡한 생물 화석이 캄브리아기에서 갑자기 나타나는 것은 창조론자들을 매우 기쁘게 할 것이다."라고 농담할 정도로 캄브리아기 대폭발은 의문투성이입니다.

다윈은 ― 스스로 "하나의 긴 주장"이라고 표현했던 ― 『종의 기원』에서 다음과 같이 이야기합니다.

"현재로써는 이 [캄브리아기 화석의 갑작스러운 출현에 관한] 사례는 설명할 수 없는 문제로 남아 있음이 분명하다. … 어쩌면 그 사실은 여기서 말한 [진화의] 관점을 반박하는 유력한 반증이 될 것이다."

다윈은 『종의 기원』에서 진화계통수를 통해 모든 생물이 공통 조상에서 시작해 포유동물까지 다양하게 진화하는 과정을 설명합니다. 화석은 이러한 진화 과정을 직접 볼 수 있게 해주는 과학적 증거입니다. 따라서 진화론자들은 당연히 진화계통수의 변이를 담은 화석들이 차례로 발굴될 것으로 기대합니다. 하지만 실제 발견된 화석들은 다윈의 점진적인 진화에 대한 진화계통수 가설을 지지하지 않습니다.

중간 변이를 보여주는 화석이 없다는 사실은 진화론의 딜레마이자 치명적인 약점입니다. 그래서 캄브리아기 대폭발이라고 부르는 수많은 화석의 갑작스러운 출현이 다윈으로 하여금 진화론의 존립을 걱정할 정도로 당황하게 만든 것입니다.

캄브리아기 대폭발에 걸린 시간은 대략 1천만 년으로 추정됩니다. 그런데 1천만 년이라는 시간은 지질학적으로 볼 때는 눈 깜짝할 사이 정도의 짧은 기간입니다. 그렇다면 캄브리아기에 일어난 다양성의 폭발적 증가 현상은 가히 생물학적 빅뱅이라 부를 만도 합니다.

특히 종간의 변이나 전이를 보여주는 중간 화석의 발견이 없이, 완전한 생물 화석의 갑작스러운 출현은 돌연변이만으로는 설명이 안 됩니다. 굴드는 이처럼 빠른 속도로 이루어지는 새로운 생명 형태의 급격한 출현을 설명하기 위해서는 자연선택이 아닌 다른 메커니즘이 필요하다고 주장합니다. 그래서 그는 오랜 기간 안정적인 평형 상태를 이루던 생물이 갑자기 평형 상태를 깨뜨리고 새로운 종류의 생물로 등장한다는 '단속평형설'이라는 계단식 진화론을 제안합니다.

다윈의 진화론에 따르면 진화는 종들의 점진적 변화 과정을 순서대로 지켜야 합니다. 그러나 현재 관찰되는 화석 기록의 패턴은 다윈의 진화계통수와 같은 보편적 공통 조상에 의한 진화론을 지지하지 않는다는 것이 문제입니다. 중간 변이 화석이 없다는 사실은, 앞서 인용한 도킨스의 농담에서 보듯이, 생명체가 종류대로 창조되었다는 창조설마저도 가능해 보이게 합니다.

표준적 정의에 의하면 진화는 한 집단 내에서 유전자의 빈도 변화가 있을 때 발생합니다. 그런데 '이보-디보(Evo-Devo)'라는 애칭으로 불리는 진화발생생물학은 캄브리아기와 그 이후의 진화에 대해 다른 관점을 제공합니다. 즉 '이보-디보'는 진화를 유전자의 빈도 변화가 아니라 유전자 발현의 변화로 해석함으로써 집단유전학적 진화론을 다시 들여다보게 만듭니다.

'이보-디보'는 진화가 오래된 유전자에 새로운 기교를 가르치는 것이라고 설명합니다. 즉 진화란 단백질의 합성에 관여하는 구조 유전자의 변화가 아니라 구조 유전자를 통제하는 조절 유전자의 변화라고 주장합니다. 다시 말해 발생 과정을 조절하는 스위치와 유전 네트워크의 진화 그리고 조절 유전자의 발현 위치의 이동 등 스위치 체계가 변함으로써 진화가 일어난다는 주장입니다.

캄브리아기 대폭발과 관련해서, 진화생물학자 션 B 캐럴은 『이보-디보』라는 그의 저술에서 다음과 같이 주장합니다.

"'이보-디보'가 알려준 가장 놀라운 메시지는 크고 복잡한 동물 몸을 만드는 데 필요한 모든 유전자들이 캄브리아기 대폭발로 현실에 실체가 드러나기 한참 전부터 이미 존재하고 있었다는 사실이다. 크고 복잡한 형태가 등장하기 약 5천만 년 전부터, 어쩌면 그보다 더 오래전부터, 유전자 수준에서의 잠재성이 감춰져 있었던 것이다. 유전자 툴킷(tool-kit) 자체는 진화하지 않았다. 하지만 새로운 신체 설계가 눈 깜박할 새에 등장하고 변화했다는 엄연한 현실을 보면 동물 발생은 분명 크게 진화하였다."

션 B 캐럴의 이야기를 계속 들어봅니다.

"캄브리아기 동물군을 보고 제일 먼저 지적하게 되는 점은 반복 신체 부속의 종류와 수가 다양하게 진화했다는 사실이다. 윌리스턴의 법칙을 극적으로 드러내는 이 현상은 배아 자리의 변화로 일어난 것 같다. 툴킷 유전자들의 좌표 변이, 특히 배아 내 혹스 유전자 발현 위치의 변이는 서로 다른 신체 형태를 만드는 데 필수적이다. 그리고 이런 변이는 유전자 스위치를 통해 일어난다. 캄브리아기에 벌어진 사건은 바로 스위치들의 진화였다."

여기서 윌리스턴의 법칙이란 고생물학자인 새뮤얼 윌리스턴이 1914년에 발표한 것입니다. 즉 초기 동물군에서는 비슷한 신체 부속들이 다수 반복되지만, 후대의 동물군에서는 유기체의 신체 부속들의 수가 줄어드는 방향으로 그리고 줄어든 부위들이 기능 면에서는 훨씬 전문화되는 방향으로 진화한다는 주장을 말합니다.

생명 탄생의 역사를 보면, 지구에서 탄생한 생명체는 오랜 기간 세균의 수준을 벗어나지 못합니다. 그러다가 세포라는 생명체가 출현하게 되는데, 이렇게 세포로 이루어진 원생동물과 그 이전 단계인 세균의 사이에는 설명할 수 없는 거대한 빈틈이 존재합니다. 그래서 불연속적인 세포의 출현 과정은 다시 한번 페르미의 역설이나 『2001 스페이스 오디세이』의 금속 탑 이야기를 떠오르게 합니다.

이러한 진화사상의 빈틈을 두고, 생화학자 닉 레인은 『바이털 퀘스천: 생명은 어떻게 탄생했는가』라는 책에서 생물학의 중심에는 세포의 출현과 관련해서 진화의 블랙홀이 존재한다고 이야기합니다. 세포의 출현에 대한 레인의 이야기를 들어봅니다.

"지구상 모든 복잡한 생명체의 공통 조상인 한 세포는 단순한 세균 조상으로부터 지난 40억 년 동안 단 한 번 등장했다. … 우리가 알고 있는 것은 이 공통 조상이 이미 대단히 복잡한 세포였다는 점이다. … 그렇게 많은 독특한 특징들이 하나의 조상에 축적된 이유나 그 특징들 중 어떤 것도 세균에서 독립적으로 진화했다는 징후가 나타나지 않는 이유에 대해서는 아직도 의견이 분분하다."

레인의 이야기는 다음과 같이 이어집니다.

"생명체는 지구가 형성되고 약 5억 년 후 즉 지금으로부터 40억 년 전에 출현했을 것이다. 그러나 그때부터 생명은 생명 역사의 절반에 해당하는 20억 년 이상을 세균 수준의 복잡성에서 벗어나지 못했다. 사실 세균은 40억 년 내내 형태적으로 단순성을 유지하고 있다. 이와 대조적으로 … 모두를 아우르는, 형태적으로 복잡한 생명체는 약 15~20억 년 전에 나타난 단일한 조상으로부터 이어져 내려왔다.

누가 보더라도 '신식' 세포였던 이 조상은 정교한 내부 구조와 완전히 새로운 분자 동력을 갖추고 있었고, 이를 작동시키는 정교한 나노 기계에 관한 정보가 암호화되어 있는 수천 개의 새로운 유전자는 대체로 세균에는 없는 것들이었다.

　진화의 중간 단계도 남아있지 않으며, 이런 복잡한 형질이 어떻게 또는 왜 나타났는지를 짐작하게 해줄 만한 '빠진 연결 고리'도 없다. 형태적으로 단순한 세균과 대단히 복잡한 다른 모든 것들 사이에는 설명되지 않는 거대한 동공, 즉 진화의 블랙홀만 있을 뿐이다."

잃어버린 세계 에디아카라기

📖 우리는 흔히 캄브리아기에 일어난 생물종의 폭발적 급증에만 관심을 둡니다. 그런데 더 큰 문제는 이렇듯 캄브리아기에 엄청나게 다양한 생물종이 진화한 이후, 웬일인지 급격한 감소를 거쳐 오늘날에는 불과 5%에도 못 미치는 생물들만이 살아남았다는 사실입니다. 이와 관련해서 굴드는 『생명, 그 경이로움에 대하여』라는 저술에서 다음과 같이 이야기합니다.

"만약 현재 사용되는 생물 분류 체계가 적응적 향상에 의한 진보적인 다양성의 최종 결과를 기록하는 것이 아니라, 격감이라는 복권 추첨에서 운 좋게 살아남은 몇 안 되는 생존자를 기록하는 것이라면 생명의 테이프를 재생했을 때 완전히 다른 해부학적 집합이 남게 될 것이고, 이후 역사는 그 자체로서는 충분히 의미가 있을 수 있겠지만 우리가 알고 있는 역사와는 전혀 다른 무엇이 될 것이다."

어쨌든 캄브리아기 대폭발에 관한 생물학적인 설명에는 몇 가지가 후보로 등장합니다. 먼저 단단한 등껍질의 출현에 의한 피식자의 효율적인 방어가 원인이라는 주장이 있습니다. 그리고 피식자가 눈을 갖도록 진화함으로써 포식자의 공격에 대해 회피 효율성이 높아지면서 다양한 종의 변이와 진화에 대한 보전이 가능해졌다는 주장도 있습니다. 또 누군가는 먹이 사슬에 근거해서 입의 진화 즉 단단한 주둥이의 출현을 꼽거나, 예측-제어가 핵심을 이루는 '알로스타시스(allostasis)' 기능을 갖춘 뇌의 출현 때문이라고 주장하기도 합니다.

등껍질의 출현이든 눈이나 입의 출현이든 모두 캄브리아기 대폭발에 나름대로 크게 기여했을 것이라는 주장에는 이의가 없을 것 같습니다. 그러나 캄브리아기 앞의 이른바 다윈의 '잃어버린 세계'는 여전히 미스터리입니다. 캄브리아기 대폭발이라고 부르는 완전한 생물 화석의 갑작스러운 출현으로 인해 진화론의 존망을 걱정하던 다윈은 '잃어버린 세계'의 화석화 과정에 대해 한 가지 가설을 내놓습니다.

등껍질이 단단한 생물이 출현하기 이전에는 당연히 연한 피부를 가진 생물이 존재했지만, 이들은 연한 피부로 인해 화석을 남기기가 어려웠다는 가설입니다. 그런데 골격이 없는 생물은 보존될 수 없다는 다윈의 예언은 버제스 혈암의 화석에 의해 깨집니다. 비록 생물의 구조가 서서히 복잡성을 더해갔다는 그의 주장과는 어긋났지만, 어쨌든 앞 세대의 존재에 대한 희망은 이루어진 셈입니다.

1909년에 고생물학자 찰스 월코트는 캐나다의 브리티시컬럼비아주를 여행하다가 버제스 언덕에서 혈암층을 발견하게 됩니다. 그는 버제스 언덕에서 캄브리아기 지층을 샅샅이 뒤진 끝에 연체성 동물을 완벽하게 보존하고 있는 가장 오래된 동물군을 발견하게 됩니다. 버제스 혈암에서 발견된 125속 가운데 80% 이상이 연질부로만 이루어져 있습니다.

버제스 혈암에는 해부학적 설계의 측면에서 오늘날 모든 바다에 살고 있는 동물들의 이질성과는 비교도 안 될 정도로 유례없는 이질성을 포함하고 있다고 굴드는 말합니다. 굴드에 따르면 다세포동물의 역사는 캄브리아기 폭발의 짧은 순간에 형성된 초기의 엄청난 재고가 격감하는 과정이었습니다.

동물학자 루이 아가시는 실험과 조작이 과학의 정형을 만들어낼 수 있지만, 지나치게 복잡하고 반복 불가능한 역사의 산물을 대상으로 삼는 학문 분과들은 다른 방식으로 이루어져야 한다고 주장합니다. 자연사는 독특하고 특징적인 산물들의 숲속에서 유사점과 차이점을 분석함으로써, 즉 비교를 통해 연구되어야 한다는 주장입니다.

그런데 유사점과 차이점에 관한 연구에 기반하는 진화와 계통에 대한 추론은 단순하지도 않고 또한 명백하지도 않다고 굴드는 이야기합니다. 자연의 산물을 유사성에 따라 정리하여 수치화하고, 그렇게 측정된 유사성을 진화적인 관계와 같은 것으로 간주함으로써 전산화가 가능할 것으로 생각하지만 실제는 그렇지 않다는 것입니다. 유사성은 여러 형태로 나타나는데, 어떤 것은 계통 관계의 추론에 도움이 되기도 하지만 다른 것은 위험한 함정이 되기도 한다는 것입니다.

전자와 같은 유사성은 상동성(相同性)이라 부르는데 그 유례를 탐색하기에 적절한 소재입니다. 반면 후자와 같은 유사성은 상사성(相似性)이라 부르는데 계통을 탐색하는 데 있어 위험한 걸림돌이 됩니다. 상동과 상사를 구분하는 것은 계통에 대한 추론을 위한 기본 작업입니다. 이에 사용되는 규칙은 생각보다 단순한데, 상사는 엄격히 배제하고 오로지 상동에만 의거해서 계통을 탐색해야 한다는 것입니다.

굴드는 버제스 혈암에 접근할 수 있는 기본 규칙으로 이러한 유사성을 제안합니다. 하지만 상동과 상사라는 기본적인 구별만으로는 턱없이 부족하다고 말하면서, 상동 관계의 구조 내에서도 제2의 구별이 필요하다고 주장합니다. 그 이유는 '공유되고 파생되어 한정된 상동'과 '공유는 되지만 원시적인 넓은 상동'을 구별하는 것이 버제스 혈암의 동물 연구에서 가장 큰 어려움이라는 것입니다.

'이보-디보'를 주장하는 션 B 캐럴 또한 다른 종의 신체 부속끼리 비교할 때는 처음에 같은 부위였지만 시간에 따라 다르게 변화한 것들인지, 아니면 1대1 연관 관계가 분명치 않은 연속 부위들이 엇갈려 있는 것인지 정확히 파악해야 한다고 말합니다. 특히 한 구조가 반복해서 나타나는 연속 상동기관의 수와 종류가 변하는 것이야말로 동물 진화에서 제일 중요한 주제라고 주장합니다.

버제스 혈암의 발견에 이어서 1947년에 지질학자 레지널드 스프리그스가 호주 플린더스산맥의 에디아카라 구릉지에서 화석을 수집했습니다. 이 화석들은 선캄브리아 시대 말인 5억7천만 년 전의 화석들이었습니다. 그러나 당시에는 선캄브리아 시대의 화석은 있을 수 없다고 믿던 시대라 스프리그스는 화석들을 옆으로 치워놓습니다. 후에 '에디아카라 동물군'이라 명명되는 이 화석들은 버제스 혈암 이전의 화석들로 최초의 다세포동물로 판명됩니다. 에디아카라기라 부르는, 이른바 '잃어버린 세계'의 등장인데, 에디아카라기에는 아직 포식성이 출현하지 않은 것으로 봅니다. 하지만 편평한 누비이불의 설계로 이루어진 에디아카라 동물군의 사멸은 설명을 못 하고 있습니다.

어쨌든 선캄브리아대 생물이 겪은 역사는, 캄브리아기 폭발로 출현한 생물들을 향해 점진적으로 그 복잡성이 증가했다는, 다윈의 전제와는 크게 다른 양상을 보입니다. 생물의 구조가 비약적으로 복잡하게 진화된 진핵세포의 출현은 생명의 역사에서 3분의 2가 지난 14억 년 전의 화석에서 발견됩니다. 즉 지구에 생명이 등장한 이래 3분의 2에 가까운 긴 기간 동안 원핵세포라는 가장 단순한 설계를 갖춘 생물밖에는 없었다는 뜻입니다.

그리고 진핵세포의 출현 이후 10억 년 가까이 지나서야 다세포 생물이 출현했음을 에디아카라 동물군이 보여줍니다. 다세포 생물의 출현 이후 5억 년에 걸친 진화의 역사는 일단 제약이 가해진 후에 얼마 안 되는 수의 정형화된 설계의 테두리 안에서 다양성의 증대가 이루어진 과정이라고 굴드는 주장합니다. 세포의 출현 과정에는 진화의 블랙홀이 존재한다는 레인의 주장이 생각납니다만, 선배 격인 굴드의 논평을 덧붙입니다.

"생물 진화사의 3분의 2에 해당하는 기간 동안 기록에 남겨진 생물 형태의 복잡성은 [원핵생물이라는] 최저 수준에 머물러 있었다. 그 후 7억 년 동안, 그들보다 몸 크기가 크고 구조도 훨씬 복잡한 진핵생물이 존재했지만, 이들이 합쳐져서 다세포동물이 되지는 않았다.

그리고 지질학적 시간의 척도에서는 일순간에 불과한 1억 년 동안 에디아카라, 토모티 그리고 버제스라는 3개의 두드러진 동물군이 잇달아 출현했다. 그 이후 5억 년 이상에 걸쳐 훌륭한 이야기들, 승리와 비극이 되풀이되었지만, 버제스 동물군에 새로운 '문(phylum)'이 충원되거나 근본적인 해부학적 설계가 보충된 적은 한 번도 없었다.

몇 발짝 거리를 두고 바라보면, 세부 사항들은 잘 보이지 않게 되고 이것을 예측된 진보의 이야기로 읽을 수도 있을 것이다. 가령 맨 처음에 원핵생물, 다음에 진핵생물 그리고 다세포 생물이라는 식으로 말이다. 그러나 개별 생물들을 조사하면, 그러한 편안한 이야기들은 무너지고 만다."

부록 1-1: 각자무치에 관한 서사

서사에는 진화의 역사가 녹아있습니다. 서사가 인류의 뿌리라면 언어는 서사의 씨앗입니다. 그래서 인간의 서사적 습성은 사용하는 언어에 따라 다릅니다. 특히 언어 자체의 서사 의존성으로 인해, 언어의 의미에 대한 이해 방식은 언어권에 따라 달라집니다. 역사적 연원이라는 서사 의존성이 보존된 문자로는 한자(漢字)가 좋은 예입니다. 한자의 의미 풀이를 통해 언어적 연원의 서사 의존성 문제를 살펴보는 것도 흥미롭습니다.

한국인과 중국인은 모두 한자를 사용하지만, 한국인과 중국인이 한자의 의미를 이해하는 방식은 전혀 다릅니다. 한국인은 한자를 사용할 때 한자의 새김인 '훈(訓)'이라 부르는 낱말의 뜻을 이용하여 해석한다는 사실을 기억해야 합니다. 특히 훈은 어원, 즉 한자의 서사적 연원을 나타내기 때문에, 한국인은 훈을 통해 한자의 의미와 유래까지도 직접적인 이해가 가능합니다.

아래 글상자의 도식은 글쓴이가 『우주를 맴도는 러셀의 찻잔』이라는 책에서 상세하게 설명한 '메타경첩 원리'라는 도식입니다. 메타경첩 원리는 "입력과 출력으로 이루어지는 반응에는 입력과 출력의 사이에 과정이라는 '메타경첩'이 존재한다."라는 내용입니다.

메타경첩원리

⟨반응⟩ = ⟨입력|출력⟩ = ⟨입력|과정⟩⟨과정|출력⟩

한국인이 한자를 이해하는 방식은, 메타경첩 원리를 사용하여 표

현하면, 1.1 도식과 같습니다. 즉 한국인은 '훈(訓)'이라는 낱말의 뜻을 메타경첩으로 이용해서 한자의 의미를 이해하게 됩니다. 이와 같은 방식은 3장의 3.2 도식으로 표현되는 인간 지능의 경우와 같은 형식입니다. 다시 말해 한국인이 한자를 이해하는 1.1 도식의 방식은 내포 방식입니다.

중국인은 훈이라는 한자의 새김을 메타경첩으로 사용하지 못하기 때문에, 특정 한자의 의미에 대한 직접적인 이해가 가능하지 않습니다. 중국인이 한자를 이해하는 방식은 메타경첩 원리를 사용하여 표현하면 1.2 도식과 같습니다. 즉 중국인은 단어의 용례라는 쓰임새를 메타경첩으로 이용해서 의미를 이해하게 됩니다. 이와 같은 방식은 3장의 3.3 도식으로 표현되는 인공지능과 같습니다. 따라서 중국인이 한자를 이해하는 1.2 도식의 방식은 외연 방식입니다.

1.1 〈한국인의 이해〉 = 〈한자|발음〉 = 〈한자|어의〉〈어의|발음〉
1.2 〈중국인의 이해〉 = 〈한자|발음〉 = 〈한자|용례〉〈용례|발음〉

이제 "각자무치(角者無齒)"라는 사자성어에 나오는 '각(角)'이라는 한자의 의미를 이해하는 과정을 살펴보겠습니다. 한국인의 이해 과정은 1.3의 도식과 같습니다. 즉 한국인의 경우는 '각(角)'이라는 한자에 낱말의 뜻인 '뿔'이라는 훈(訓)을 메타경첩으로 연결하여 이해합니다. 한국인은 '각(角)'이라는 한자의 의미를 이런 방식으로 직접 이해하지만, 중국인은 훈을 사용하지 못하므로 다른 한자로 설명합니다.

사실 한자를 사용하여 한자를 정의하는 한, 순환논리의 덫을 피할 길이 없습니다. 물론 이런 사정은 국어사전의 경우도 마찬가지입니다. 그래서 사전이라면 어휘의 난이도를 초급과 중급 그리고 고급으로 나누어 표기할 필요가 있습니다. 그리고 어떤 어의(語義)든 그 설명에는 아래 등급의 어휘를 사용하도록 규정한다면 도움이 될 것입니다.

훈을 사용하지 못하는 중국인은 1.4의 도식에서 보는 바와 같이 '우(牛)'와 '곤(丨)'이라는 한자의 결합을 메타경첩으로 이용하여 '각(角)'의 의미를 이해합니다. 여기서 '우(牛)'의 훈은 '소'이고, '곤(丨)'의 훈은 '위아래로 통하다.'입니다. 즉 중국인이 이해하는 '각(角)'의 의미는 "소와 통하는 어떤 것" 정도가 되겠습니다.

> 1.3 〈한국인의 '角'의 이해〉 = 〈角|각〉 = 〈角|'뿔'〉〈'뿔'|각〉
> 1.4 〈중국인의 '角'의 이해〉 = 〈角|쨔오〉 = 〈角|'牛丨'〉〈'牛丨'|쨔오〉

이제 위의 논의를 바탕으로 한국인과 중국인이 "누구든 모든 것을 다 갖출 수는 없다."라는 뜻을 가진 "각자무치(角者無齒)"라는 사자성어를 어떻게 이해하는지 살펴보겠습니다. 먼저 중국인의 경우를 보면 '각(角)'이 짐승의 뿔이므로 "각자무치(角者無齒)"의 해석은 당연히 "뿔이 있는 짐승은 이빨이 없다."가 될 것입니다. 그런데 정말로 뿔이 있는 짐승은 이빨이 없을까요?

한국인의 경우도 일단 "뿔이 있는 짐승은 이빨이 없다."라는 해석을 받아들일 것입니다. 그런데 한국인이라면 이쯤에서 '각(角)'의 훈인 '뿔'의 어원을 생각해 봄직합니다. '뿔'의 서사적 연원인 어원은 불·부리·뿌리와 같습니다. 이 단어들은 모두 '불쑥' 튀어나온 생김

새를 나타내는 같은 어원에서 유래합니다. 그래서 한국인은 '각(角)'의 훈으로 '뿔' 외에 '부리'라는 훈도 함께 생각해 보는 것이 가능합니다.

'각(角)'의 자전적(字典的) 설명은 흔히 소의 뿔을 상형화한 그림으로 소개됩니다. 그런데 '각(角)'이라는 글자의 윗부분 모양을 살펴보면, 거북이를 뜻하는 '귀(龜)'나 물고기를 뜻하는 '어(魚)'의 윗부분과 같은 모양새입니다. 그렇다면 '각(角)'이라는 한자는 "소의 뿔처럼 튀어나온 모양"이 아니라, "거북이나 물고기의 주둥이처럼 튀어나온 모양"을 나타내는 것으로 추정할 수 있습니다. 이렇게 거북이의 주둥이처럼 튀어나온 생김새는 또한 새의 부리와도 모양이 같습니다. 그래서 '각(角)'의 훈은 '부리'라는 새김도 가능하다고 볼 수 있습니다.

뿔이 있는 짐승이라고 해서 이빨이 없을 리가 없습니다. 그러나 부리가 있는 새는 이빨이 없습니다. 사실, 단단한 부리를 주둥이로 가진 짐승의 경우라면 이빨까지 갖출 필요가 없을 것입니다. 그래서 "각자무치(角者無齒)"라는 사자성어는 "뿔이 있는 짐승은 이빨이 없다."라는 억지스러운 해석이 아니라, "부리가 있는 짐승은 이빨이 없다."라고 해석해야 이치에 맞습니다.

결국 '각(角)'이라는 글자는 '새의 나라'에서 태어나 '소의 나라'에서 진화한 격입니다. 어쨌든 한국인은 '각(角)'에 관해 '부리'라는 어원적 서사의 추적이 가능하지만, 중국인은 가능하지 않습니다. 즉 중국인은 '각(角)'이라는 한자에 대해 '새의 부리'라는 해석의 추측조차 원천적으로 불가능합니다. 한자가 고유한 문자라고 주장하는 중국이 정작 어원을 정확히 이해할 길이 마땅치 않다는 문제를 안고 있습니다.

흥미로운 서사를 어원으로 갖는 한자를 좀 더 살펴보겠습니다. 이번엔 사람을 나타내는 '인(人)'이 겹쳐서 만들어지는 글자입니다. 먼저 '인(人)'이 앞뒤로 붙어있는 '종(从)'이라는 한자를 살펴보겠습니다. '종(从)'이라는 한자의 형태를 보면 두 사람이 앞뒤에 겹쳐 있는 모양으로 마치 서로 따라가는 모양새입니다. 그래서 '종(从)'이라는 한자의 훈은 글자의 모양에서도 쉽게 알 수 있듯이 "따르다." 입니다.

다음으로 '인(人)'이라는 글자가 앞뒤가 아니라, 위아래로 붙어있는 '빙(仌)'이라는 한자를 살펴보겠습니다. '빙(仌)'이라는 한자의 형태를 보면, 두 사람이 위아래에 겹쳐 있는 모양으로 마치 서로 엎드려 있는 모양새입니다. '빙(仌)'이라는 한자의 훈은 "얼다."입니다. 옥편을 찾아보면, "'빙(仌)'은 '얼음 빙(氷)'의 본자(本字)"라고 나옵니다. 그런데 '빙(仌)'이 왜 "얼음"이라는 뜻을 갖는지 언뜻 연상이 되지 않습니다.

하지만 '빙(仌)'이라는 한자의 서사적 연원과 관련해서 한국인은 재미있는 서사를 하나 갖고 있습니다. 바로 「서동요(薯童謠)」라는 서사입니다. 「서동요」는 백제의 무왕이 소년 시절에 마를 파는 서동(薯童)으로 가장하여, 적국인 신라에 들어가 진평왕의 셋째 딸인 선화공주를 부인으로 얻기 위해 지어 불렀다는 노래로 알려져 있습니다.

「서동요」에는 "남몰래 얼어 두고"라는 구절이 나오는데, 여기서 '얼다'는 "남녀가 성적(性的)으로 교합하다."라는 뜻의 옛말입니다. '빙(仌)'이라는 한자의 성적인 의미는 사람이 위아래로 겹친 모양새에서 쉽게 연상이 됩니다. '빙(仌)'은 두 사람이 '성적으로 교합하는', 즉 '얼은' 상태를 나타내기 때문에 훈이 "얼다."이고, '어른'은 '얼은 이'에서 유래하는 단어입니다. '얼다'는 또한 '엉기다'와도 같은 모양새를 뜻합니다. 그래서 '빙(仌)'을 '얼음 빙(氷)'의 본자(本字)라고 부르는 것입니다.

앞의 예에서 보듯이 한자의 서사적 어원은, 발음 방식과 더불어, 한자의 기원을 짐작하게 하는 흥미로운 단서가 됩니다. 아마도 먼 옛날에는 한국과 중국 그리고 일본이 각각 쓰는 말은 서로 달랐겠지만, 모두 한자를 공통으로 마치 자국의 문자인 양 사용했을 것으로 추정됩니다. 그러고는 시간이 흐르면서 각 나라는 계속 자기만의 독자적 한자를 새로 만들어 추가로 사용하면서 오늘에 이르게 됩니다.

여기서 한국과 중국 그리고 일본이라는 세 나라 사람의 발성 특성을 살펴보면 흥미로운 점이 있습니다. 한국인의 경우를 보면 모든 발음이 가능합니다. 하지만 희한하게도 중국인과 일본인은 'ㅁ'이나 'ㅂ'과 같은 특정 받침의 발음이 가능하지 않습니다. 그래서 같은 한자라 할지라도 소리 내어 읽는 방식이 서로 다릅니다.

이를 근거로 과거에 한자가 전파된 경로에 대한 음운학적 추정이 가능해 보입니다. 문자가 전파되는 경우 글자의 모양과 소리는 보전을 원칙으로 합니다. 그러나 전파 지역에 따라 발성 특성이 다르다면, 글자의 모양과 달리, 글자의 발음은 전파된 지역의 발성 특성에 맞춰서 변화되거나 왜곡되어 정착할 수밖에는 없습니다. 그렇다면 한자는 세 나라 중 과연 어디서 어디로 전파되었다고 보아야 할까요?

한반도에 정착한 우리의 선조들은 모든 발음이 가능했기 때문에 글자에 자유롭게 소리를 붙이고 발음할 수 있었을 것입니다. 특히 한 글자에 한 음절을 적용하는 단음절 방식이라는 합리적인 한자의 독음 방식을 자연스럽게 택했을 것입니다. 여기에다 뜻을 나타내는 '훈(訓)'이라는 새김을 모든 글자에 덧붙임으로써 글자의 의미와 구별에 대한 효율성을 한층 더 높일 수 있었을 것입니다.

한편, 발음이 자유롭지 못한 중국인은 단음절의 독음 방식을 사용할 경우, 가능한 발음의 개수가 많지 않아서 문자를 구별하는 효율성이 낮았을 것입니다. 이에 중국인은 다음절이라는 독음 방식을 추가로 택하게 되었을 것입니다. 그러고는 다음절의 사용에 이어 음의 높낮이를 이용하는 성조라는 방식까지 추가함으로써 구별의 효율성을 최대한으로 높이기 위해 노력했을 것입니다.

역시 발음이 자유롭지 못한 일본인의 경우도 마찬가지로, 가능한 발음의 개수가 많지 않아서 문자의 구별에 어려움을 겪었을 것입니다. 그러나 한자에 새김을 덧붙이는 '훈(訓)'이라는 방식을 한국으로부터 배워간 일본은 한자를 소리로도 읽고 뜻으로도 읽는, 이른바 음독(音讀) 방식과 훈독(訓讀) 방식을 섞어서 사용함으로써 구별의 효율성을 높이게 됩니다.

이렇듯 문자의 서사적 연원과 독음의 편의성을 고려해서 전파의 과정을 추정해 본다면, "문자는 서사와 발음 능력의 다양성이 큰 지역에서 작은 지역으로 전파된다."라는 주장이 설득력 있어 보입니다.

이제 세 나라의 음운 다양성을 비교해 보면, 한국은 서사와 발음 능력의 다양성이 월등히 크지만, 다른 두 나라는 다양성이 별로 크지 않다는 사실을 알 수 있습니다. 이렇듯 서사와 발음 능력의 다양성을 기준으로 삼는다면, 세 나라 사이에서 고대 한자의 전파 경로를 유추하는 작업은 그리 어려운 일이 아닐 것입니다. 특히 과거에 한자의 발음과 관련해서 중국이 조선에 자문을 구했던 예도 흥미롭습니다.

그런데 현대에 들어오면서 중국의 한자에 문제가 생깁니다. 중국이 복잡한 한자를 쉽게 익히기 위해 언어의 현대화라는 기치 아래 '간체자'라는 약자를 사용하게 된 것입니다. 훈이라는 새김을 사용하지 못하는 중국인은 한자의 뜻에 대한 직접적인 이해가 원천적으로 불가능합니다. 이제 간체자의 사용을 강제함으로써 한자의 연원을 나타내는 부수를 엉망으로 만드는 바람에 글자의 뜻을 알아볼 수 있는 길이 막히게 된다는 것입니다.

부록 1-2: 병과 탈에 관한 서사

인간의 생존 과정에서 의료는 중요한 역할을 합니다. 그래서 특히 의료에 관한 서사 의존성은 매우 흥미롭습니다. 우리는 몸에 이상이 생기면 아픔을 느끼게 되고, 아픔을 느끼는 환부로부터 아픔에 대한 구체적인 물리적 정보를 얻음으로써 알맞은 치료 방법을 찾게 됩니다. 그런데 환부가 분명치 않으면 아픔에 대한 물리적 정보를 얻을 수 있는 수단이 마땅치 않아서 전혀 다른 상황이 됩니다.

이렇듯 서로 다른 형태로 아픈 상황은 바로 '병'과 '탈'을 구분하는 문제로 이어집니다. '병'은 우리의 신체 조직에 이상이 생기면서 아픔을 느끼는 사건으로, 이상이 생긴 환부를 신체 조직에서 공간적으로 특정할 수 있는 경우입니다. 그러나 '탈'이라는 현상은 우리의 신체 조직에서 이상이 생긴 환부를 특정할 수 없는 경우입니다.

한반도에 정착한 우리 선조들은 신체적으로 이상이 생겨 환부를 찾을 수 있는 아픔은 '병'이라고 생각했지만, 환부를 찾을 수 없는 아픔은 '탈'이라 생각해서 서로 다른 문제로 판단했던 것으로 보입니다. 여기서 '병(病)'이라는 한자를 보면, '병들어 기댈 녁(疒)'과 '남녘 병(丙)'이라는 부수가 결합한 모양입니다. 질병과 관련된 한자에는 거의 모두 이렇게 '병들어 기댈 녁(疒)'이라는 부수가 포함되어 있습니다.

앞서 한국과 일본이 필요에 따라 독자적으로 한자를 만들어서 사용했다고 이야기한 바 있습니다. 여기서 잠깐 한국의 선조들이 마땅한 한자가 없을 때 새로 만들어서 사용한 이야기를 해야겠습니다. 예를 들어, 밭을 나타내는 '밭 전(田)'이라는 한자는 있는데 논을 표현하는 한자가 없었습니다. 그래서 밭에 물이 고인 논의 모습을 형상화하여 '논 답(畓)'이라는 한국식 한자를 새로 만들어서 사용했습니다.

이제 탈의 문제로 돌아와서, 우리 선조들은 환부가 없는 탈을 신체의 문제가 아닌 정신의 문제로 생각했습니다. 그래서 정신적 문제인 '탈'의 표현을 위해, '머리 혈(頁)'과 '그칠 지(止)'가 결합한 '기를 이(頣)'라는 한자를 가져다가 '탈날 탈(頣)'이라는 새로운 독음(讀音)을 붙여서 한국식 한자로 사용하게 됩니다. 즉 탈은 병과 달리 머릿속의 뭔가 원활치 않아서 일어나는 병증으로 본 것입니다.

물론 병이 난 환자 못지않게 탈이 난 환자 또한 아픔을 느끼고 괴로워합니다. 그런데 탈의 경우에는, 비록 아픔을 느끼는 신체 부위가 존재한다고 해도, 환자가 아픔을 느낀다고 주장하는 신체 조직에서 특별한 생리적 이상 징후를 발견할 수 없다는 것이 문제입니다. 그렇다면 도대체 탈의 정체는 무엇일까요?

우리는 아프면 으레 의원을 찾습니다. 의원은 병의 증상과 치료 기록을 누적함으로써 조직적인 치료 체계를 구성합니다. 하지만 우리 신체 조직에서 눈에 보이는 환부를 찾을 수 없는 탈의 경우라면, 증상을 모아도 체계적인 치료 방법의 구성이 어렵습니다. 그래서 우리 선조들은 환부의 유무에 따라 '병(病)'과 '탈(頣)'을 구분하고, 그 치료를 '의(醫)'와 '의(毉)'로 다르게 부른 건 아닌가 하는 생각이 듭니다.

여기서 '의(醫)'와 '의(毉)'라는 한자를 살펴보면 흥미로운 사실을 알게 됩니다. 먼저 '의원'이라는 훈을 갖는 '의(醫)'라는 한자는 '앓는 소리 예(殹)'와 '닭 유(酉)'라는 부수가 결합한 모양입니다. 그리고 '의원/무당'이라는 훈을 갖는 '의(毉)'라는 한자는 '앓는 소리 예(殹)'와

'무당 무(巫)'라는 부수가 결합한 모양입니다. 병과 탈이 앓는 상태는 같지만, 고치는 방법이 다르므로 다른 부수를 사용한 것으로 보입니다.

'의(醫)'라는 한자를 구성하는 '닭 유(酉)'라는 부수는 '술 주(酒)'라는 한자에서 유래한 부수입니다. 예전부터 환자를 치료할 때 사용된 알코올 성분의 술을 일종의 약재로 보고 부수로 채용한 것으로 추정됩니다. 병의 경우는 신체 조직에 환부가 있기 때문에 약재에 의한 치료가 가능합니다. 그러나 탈의 경우는 신체 조직에서 환부를 특정할 수 없으므로 약재에 의한 치료가 가능해 보이지 않습니다.

환부가 존재하는 병은 물리적 치료가 가능합니다. 그러나 환부가 존재하지 않는 탈은 물리적 치료가 불가능합니다. 즉 '병(病)'의 치료에 관한 '의(醫)'는 약재에 의한 물리적 치료를 뜻하지만, '탈(頉)'의 치료에 대한 '의(毉)'는 무당의 푸닥거리에 의한 심리적 치료를 뜻한다고 보아야 합니다. 그렇다면 두 한자는 각각 '병 고칠 의(醫)'와 '탈 고칠 의(毉)'라는 훈으로 새기는 것이 타당해 보입니다.

사실, 병에 따른 아픔과 탈에 따른 아픔은 구별할 수 있습니다. 병에 따르는 아픔은 환부의 신체적 느낌이라 통증이라는 표현을 사용할 수 있습니다. 하지만 탈에 따르는 아픔은 환부가 없으므로 통증보다는 고통이라는 표현이 더 어울린다고 볼 수 있기 때문입니다. 그렇다면 통증과 고통은 구체적으로 무엇이 다를까요?

어느 날 오후 강아지가 그의 주인과 산책하러 나갔습니다. 그런데 산책 도중에 주인이 잠깐 정신을 잃는 사건이 발생했습니다. 그리고 주인이 정신을 되찾았을 때는 웬일인지 그 자신과 강아지가 모두 밧줄로 묶여있는 것을 발견하게 됩니다. 문제는 그들이 묶여있는 장소가 기차선로의 위라는 것입니다.

　이때 갑자기 멀리서 기차의 기적 소리가 들려옵니다. 강아지가 낑낑댑니다. 그의 주인 또한 끙끙댑니다. 강아지의 낑낑댐은 옥죄는 밧줄로 인한 신체적 아픔 때문입니다. 그러나 주인의 끙끙댐은 다가오는 기차로 인한 공포라는 심리적 아픔 때문입니다. 잠시 후 다행히 주인은 낮잠의 악몽에서 무사히 깨어나게 됩니다.

　신체적 아픔은 통증을 뜻하지만, 심리적 아픔은 통증과는 다른 고통을 뜻합니다. 우리는 신체적 아픔을 고통이라 부르기도 합니다만, 통증과 고통은 강아지와 인간의 예에서 보듯이 연원이 다르다고 보아야 합니다. 즉 통증은 조직의 변형에서 비롯되는 몸의 아픔이지만, 고통은 괴로움에서 비롯되는 마음의 아픔입니다. 여기서 고통을 수반하는 탈은 두뇌 조직의 이상에서 비롯되는 신경적 증상이나 혹은 서사 기전의 이상에서 비롯되는 정신적 증상을 뜻합니다. 즉 탈은 서사 전이에서 비롯되는 '노세보 효과'와도 관련이 있어 보입니다.

　어쨌든 신체적 통증이 원인인 병과 달리 심리적 고통이 이유인 탈은 현대의 정신의학적 질환을 뜻하는 것으로 볼 수 있겠습니다. 그런데 주로 개인의 서사적 심리 이상에서 비롯되는 문제인 탈의 경우를, 가까운 미래에 의료 진단에 활용될 것으로 전망되는, 빅데이터라는 컴퓨터의 특화된 고기능이 과연 제대로 진단할 수 있을지 의문이 들기도 합니다. 의료 문화의 경우에도 어원적 해석을 통해 병증의 연원에 대한 서사 의존성을 엿볼 수 있다는 사실이 흥미롭습니다.

제2장

인류세는 진화사의 **변곡점**

감각 = 감관의 조응
지각 = 감각의 해석
현상 = 지각의 결과
경험 = 현상의 기억
판단 = 경험의 비교
지식 = 경험의 체계
신념 = 지식의 연장

진화론의 탄생기

📖 앞서 지구의 역사에는 지구의 운명을 결정적으로 바꾼 능동성의 출현과 포식성의 출현 그리고 서사성의 출현이라는 세 번의 진화사적 대사건이 있었다고 이야기했습니다. 여기서 진화라는 개념은 생명체의 문제이므로 진화론은 생명의 출현 이후와 관련

됩니다. 따라서 생명의 탄생 문제는 일단 진화론의 영역을 벗어납니다. 그렇다면 진화론은 포식성의 출현 이후 생존경쟁에 의한 생태계의 변화와 그에 따른 생물의 역사에 대한 연구로 좁혀서 보는 게 적합하겠습니다.

특히 최초 진화론의 발표 과정을 들여다보면 흥미로운 사건이 눈에 띕니다. 찰스 다윈과 그보다 14년 늦게 태어난 알프레드 월리스 중 간발의 차이로 다윈이 진화론의 창시자로 결정된 것입니다. 어쩌면 월리스 자신은 당연하다고 생각했을지 모를 이 결과는 과학철학자 쿤의 "과학이란 각 공동체가 자체만의 청중이 되며 심판관이 되는 유일한 활동이다."라는 논평을 떠오르게 합니다.

1836년 비글호 항해를 마치고 돌아온 다윈은 런던 근교의 다운 하우스에서 거의 은둔하듯이 지냅니다. 이렇듯 은둔 상태의 다윈은 『비글호 항해기』를 펴낸 1839년에 이미 자연선택에 대한 논문의 초고를 완성한 상태였지만, 자신의 학설이 완벽한 형태로 완성되기 전에는 발표하지 않겠다고 마음먹고 있었습니다.

다윈의 이러한 결심은 사실은 시대 상황의 반영입니다. 즉 그 시대에 진화론을 발표한다는 것은, 다윈 자신의 표현대로, "마치 살인을 자백하는 것"만큼이나 위험한 일이었기 때문입니다. 이러한 다윈에게 주위 사람들은 이론의 발표를 추월당할지도 모른다고 경고를 보냈으나 다윈은 계속 이를 무시합니다.

한편, 1855년에 '모든 종은 기존에 존재하는 비슷한 종과 동일한 시공간적 상황에서 생겨난다.'라는 '사라와 법칙'을 제안한 월리스는 인도네시아의 터네이트섬에서 다윈에게 이른바 '터네이트 논문'을 보냅니다. 다윈은 이를 1858년 6월 18일에 받아보게 됩니다. 월리스는 다윈에게 자신의 논문을 읽어보고 내용이 그럴듯하다면 지질학자 찰스 라이엘에게 전해서 발표를 주선해 줄 수 있는지 묻습니다.

월리스의 논문은 본래의 종이 어떤 과정을 거쳐 새로운 종으로 바뀌어 가는지를 살펴본 논문이었습니다. 다윈은 자신이 오랫동안 고민하던 내용과 같은 연구를 한 월리스에게 답장을 보내 그의 논문을 칭찬했습니다. 하지만 속마음은 편치 않았습니다. 그는 답장에서 자신도 20년간 비슷한 연구를 했다는 말을 빼놓지 않았습니다.

월리스의 논문은 거의 완전한 수준의 자연선택설을 담고 있었습니다. 월리스의 논문을 받아본 다윈은 자신의 멘토인 라이엘에게 전하면서 이렇게 말합니다.

"나는 이렇게 놀라운 우연의 일치를 본 적이 없습니다. 월리스의 논문은 마치 내가 1842년에 쓴 글을 읽고 정리한 것 같습니다. 그가 사용한 용어들은 내 책 각 장의 제목으로 적당할 정도입니다."

그러고는 그의 불편한 마음도 전합니다. "시간적인 우위를 점하기 위해 책을 쓴다고 생각하면 혐오스럽지만, 누군가 제가 생각한 원칙을 저보다 먼저 발표하게 된다면 정말 화가 나겠지요." 월리스의 논문에 경악한 다윈은 친구들에게 고통스러운 사실을 전했고, 이에 다윈의 친구였던 라이엘과 후커는 타협책을 제안했습니다. 린네 학회에서 월리스와 다윈의 논문을 공동으로 발표하자는 것이었습니다.

1858년 7월 1일 린네 학회의 논문 낭독회에서 라이엘이 낭독한 월리스의 논문은 「원형으로부터 무한히 벗어나려는 변종들의 경향성에 대하여」라는 제목이었고, 다윈의 논문은 「변종을 형성하려는 종의 경향성에 대하여; 그리고 자연선택에 의한 종과 변종의 영속화에 대하여」라는 제목이었습니다. 라이엘과 후커는 다윈의 논문을 먼저 읽고 월리스의 논문을 바로 다음에 읽도록 조정했습니다.

두 사람의 논리는 제목만큼이나 놀라울 정도로 비슷했습니다. 두 사람은 모두 다양한 생물종이 처음 창조된 형태 그대로 존재하는 것이 아니라 진화에 의해 만들어졌다는 사실과 자연선택이 진화와 생물체의 환경에 대한 적응을 잘 설명한다는 사실, 그리고 다윈이 '분화 원리'라 부른 트리 구조의 진화라는 원리에 동시에 도달했습니다.

그리고 1858년 8월 30일 자 린네 학회지의 첫 페이지에 「변종을 형성하는 종의 경향성에 관하여; 그리고 자연선택에 의한 종과 변종의 영속성에 대하여」라는 제목의 논문이 다윈과 월리스를 공동저자로 해서 실리게 됩니다. 이 논문의 저자 목록에는 다윈의 이름이 월리스의 이름 앞에 적혀있었습니다. 바로 진화론의 창시자가 결정되는 순간이었습니다.

다윈이 학회에서 발표한 논문에는 — 훗날 진화생물학의 필요충분조건이라 불리게 되는 — 진화가 일어나기 위한 네 가지의 조건이 실려있었습니다. 그러나 이들이 논문을 발표한 이후에도 사회는 별 관심을 보이지 않았습니다. 사람들이 다윈의 주장이 얼마나 위험한지를 알기까지에는 1년여의 세월이 더 필요했던 것입니다. 1859년 다윈의 책 『종의 기원』이 출간되자 책은 하루 만에 다 팔렸습니다. 그리고 세상은 바뀌었습니다.

다윈의 진화론은 변이와 자연선택에 의해 이루어지는 생물의 변화에 대한 설명입니다. 그런데 인간이 원숭이에서 진화했다는 주장에서 보듯이 다윈의 진화론은 가끔 잘못 이해되기도 합니다. 그리고 특정 집단이나 개체가 마치 의도를 가지고 주도적으로 진화하는 듯이 오해함으로써 우생학을 낳기도 합니다. 하지만 자연선택이나 적자생존이 약육강식을 의미하는 것이 아님을 알아야 합니다.

  한편, 생명체가 불필요한 특성을 유지하는 경우가 자연선택의 결과로 오인되기도 합니다. 그런데 이러한 경우는 작은 변화만을 허용하는 자연선택의 한계로 인해 땜질 방식의 수정만 가능하기 때문입니다. 해당 특성이 생존에 심각한 문제를 일으키지 않을 뿐만 아니라 번식에도 별로 영향이 없어서 방치되고 있다고 보아야 합니다.

  이와 같이 생존에 크게 영향을 미치지 않는다면 불리하거나 비효율적인 신체 구조라 할지라도 계속해서 유지됩니다. 심지어 특정 생물종은 환경의 변화에 따라서 가지고 있던 기관을 잃어버리는 퇴화가 일어나기도 합니다. 그런데 생물학적 관점에서 퇴화는 진화의 반대말이 아니라 진화의 한 형태 즉 일종의 생존 전략으로 보아야 합니다.

  예를 들어 인간의 조상에게는 온몸을 덮고 있던 털이 있었지만 현생 인류로 오면서 퇴화하여 획기적으로 감소한 사건입니다. 인류의 꼬리 역시 퇴화하는 쪽이 생존에 유리했다고 봅니다. 그리고 기생충 같은 경우에는 장기의 대부분이 퇴화하여 생명 활동의 일부를 숙주에 의존하고 있지만, 이 또한 훌륭한 생존 전략으로 평가됩니다.

  사실, 진화의 세계에서는 앞 방향 외에 옆 방향 또는 심지어 뒤 방향으로 나아가기도 합니다. 또한 진화가 진행된 상황은 진화를 거친 생명체에 고스란히 기록되어 저장됩니다. 즉 신체 기관 같은 진화의 결과물은 '경로 의존성'이 크다는 말입니다. 어쩌면 진화 자체가 경로 의존성에 바탕을 두고 있다고 말해야 할는지도 모릅니다.

예컨대 척추동물은 그 기원이 해삼과 같은 무척추동물이었습니다. 이들은 유생 시절에 정착할 곳을 찾을 때 원시 척추 내지는 꼬리를 사용합니다. 그런데 이러한 꼬리가 성숙할 때까지 남아있음으로써 오늘날 척추동물의 척추 부분으로 진화할 수 있게 된 것입니다. 이렇듯 유생 시절의 특징이 성체가 될 때까지 유지되는 '유형성숙(幼形成熟, neoteny)'이 아니었다면 지구의 생태계는 크게 바뀌었을 것입니다.

경로 의존성의 또 다른 예로는 척추동물들이 지니고 있는, 후두를 움직이는, 되돌이후두신경을 들 수 있습니다. 후두와 관련된 이 신경은 머리에서 후두에 이르는 가까운 경로가 아니라 희한하게도 대동맥까지 내려갔다가 다시 올라가는 기이한 경로를 택하고 있습니다. 이 또한 과거에 특정 경로로 진행되었던 진화의 유산일 것입니다.

진화에 완성이란 없습니다. 더군다나 진화는 직선적인 방향성을 가지고 고등생물이 되어가는 과정이 아닙니다. 진화의 본질은 변화입니다. 계속 현재진행형인 진화의 과정에서 생존 여부를 결정하는 자연선택이라는 현상은 유전자라는 미시적 관점에서 본다면 원인을 갖는 인과관계로 인식될 수도 있겠습니다.

하지만 형질이라는 거시적 관점에서 본다면 자연선택은 우연히 일어나는 현상일 뿐입니다. 이렇게 자연선택이라는 현상에 존재하는 필연과 우연이라는 배치되는 두 가지 관점의 해석에는 생물학자 마이어가 주장하는 근접원인과 궁극원인이라는 2중 인과 모형이 좋은 길잡이가 될 수 있을 것입니다.

우리가 과거를 돌아봄은 현재를 이해하기 위함입니다. 여기에는 현재를 이해함으로써 미래를 예측해 보려는 의도가 포함됩니다. 철학자 로젠버그는 이러한 상황을 비유해서, 생명체가 백미러를 보면서 전진한다는 표현을 쓰기도 합니다. 그런데 과연 과거가 현재를 이해하는 근거가 될 수 있을까요? 가까운 과거라면 그런대로 현재와의 연관성이 있어 보인다고 할 수 있겠지만, 먼 과거라면 문제가 달라진다고 보아야 합니다.

이와 같은 미묘한 추론으로 인해 마이어는 생물계가 물리계처럼 과거가 현재를 이해하는 근거가 되는 인과관계의 세계인가 하는 의문을 제기합니다. 이 의문은 과연 생물계에 법칙성이 존재하는가 하는 본질적인 의문인데, 그는 가까운 과거의 경우와 먼 과거의 경우에 문제가 달라진다고 보았습니다. 결국 인과관계에 대한 해석이 후험적 재구성이라고 생각한 그는 2중 인과 모형을 제안하게 됩니다.

마이어는 생물학에서는 가까운 과거에서 비롯되는 작은 스케일의 근접인과와 먼 과거에서 비롯되는 큰 스케일의 궁극인과를 구별할 필요가 있다는 결론을 내리게 됩니다. 인과의 반응물이 직접 연결되는 사건인 단순인과는 근접인과와 관련됩니다. 이와 달리 단순인과가 여러 단계로 층첩된 복합인과는 궁극인과와 관련되는데, 이 경우는 단계별로 다른 반응물에 의해서도 사건의 진행이 가능하므로, 인과성이 보존된다고 보기 어렵습니다. 진화의 과정이 이런 경우에 해당한다고 볼 수 있습니다.

생명체는 유전자의 복사 과정을 통해 유기체를 형성함으로써 모습을 갖추게 됩니다. 그리고 유기체는 지구라는 환경 속에서 진화라는 과정을 겪게 됩니다. 특히 환경에 대한 대응 방식은 형질이라는 형태로 계승됩니다. 형질에는 선천적으로 유전에 의해 나타나는 '업(業)'의 세계인 유전형질과 후천적으로 경험을 통해 얻어지는 '습(習)'의 세계인 획득형질이 있습니다.

생명체가 지구상에서 접하는 일상의 사건들은 유전자 자체에 의해서가 아니라 표현형인 유기체의 필요에 따라서 처리됩니다. 물론 유기체의 대응 방식은 유전자가 제공하는 형질에 의존합니다. 그래서 마치 유전자가 유기체의 적응을 결정하는 것처럼 생각하기 쉽습니다. 하지만 매 순간 거시적 환경에 부딪히면서 실시간으로 생존의 문제를 담당하는 존재는 유전자가 아니라 표현형인 유기체입니다.

표현형에 대한 유전형의 통제는 유기체인 개체의 생성으로 끝이 납니다. 이후 유전자는 유기체의 행동에 직접적인 간섭을 하지 않습니다. 그래서 실제로 환경과 맞닥뜨려서 실시간으로 사건을 처리하는 것은 오롯이 표현형의 몫입니다. 즉 표현형은 유전형이 일방적으로 제공한 특성을 사용함으로써 유기체의 생존을 떠맡게 됩니다.

여기서 문제는 표현형의 획득형질이 유전형으로 환원되지 않는다는 것입니다. 즉 복잡한 환경에 대처하는 표현형이 최적의 대응 방식을 발견해서 무난히 적응한다 해도, 이 체험이 후대로 계승되는 유전형으로 어떻게 변환되는가 하는 '라마르크의 퍼즐'이 문제가 됩니다.

그런데 흥미롭게도 과거의 진화론에는 환경변이, 즉 후천적으로 획득한 형질도 유전된다는 사고방식이 들어있었습니다. 라마르크가

용불용설을 통해 획득형질이 유전된다고 주장한 것은 널리 알려진 사실이지만, 진화론을 제안한 다윈도 '판게네시스(pangenesis)'라는 유전 이론을 통해 획득형질이 유전된다고 보았습니다.

특히 획득형질의 하나로 볼 수 있는 인공물이 자연선택의 영향을 받지 않는다는 점이 다윈 시절부터 논란이 되어 왔습니다. 그로 인해 다윈은 획득형질이 '제뮬(gemmule)'이라는 인자를 통해 유전된다는 무리한 수를 두기까지 했는데, 다윈의 '제뮬'은 오늘날 도킨스의 '밈(meme)'이라는 문화 유전자로 이어지는 듯한 인상이 듭니다. 어쨌든 현대 생물학에서는 획득형질이 유전되지 않는다고 봅니다. 그런데 생존의 위기 상황에서 획득형질이 중요한 임무를 수행함으로써 이를 무사히 넘긴다 해도, 획득형질은 유전되지 않는다는 진화의 장벽이 존재한다면 생존 위기의 해결책은 당대에 그치고 말 뿐입니다. 이렇듯 진화의 장벽에 가로막혀 생존의 맥이 세대별로 끊겼다면, 어떻게 자연사에서 진화가 계속 이어져 오고 있는 것일까요?

이러한 진화의 장벽은 본능의 해석에도 문제를 낳습니다. 본능이라는 형태로 각인된 유전적 기억은 결국 학습의 결과인 획득형질에서 유래한다고 보아야 하기 때문입니다. 그래서 진화생물학자들은 속으로 라마르크가 옳았다면 더없이 좋았을 텐데 하고 생각한다는 농담도 있습니다만, 어쨌든 최근 연구 범위를 넓히고 있는 후성유전학의 논의가 라마르크의 퍼즐과 맞물려 있어 다행스럽다는 생각이 듭니다

이제 유전자에 의해 조립이 끝난 유기체는 그대로 하나의 개체로서 생존의 시험대에 오르게 됩니다. 원래의 기능이 출현한 이후에

다른 목적으로 용도 변경된다는 '굴절적응(exaptation)'이라 부르는 선택적 진화의 과정이 있기는 하지만, 어쨌든 일단 조립이 끝나면 생존에 불리한 요소가 나타나더라도 보수 작업을 위한 되먹임이 불가능합니다.

특히 유기체는 특정 기능을 갖는 여러 조직으로 이루어지는데, 이렇듯 복잡한 조직은 반드시 올바른 순서의 조립이 필요합니다. 그런데 문제는 유기체 내 복잡한 조직의 다단계 조립 과정이 진화의 역사에서 단번에 이루어진 것이 아니라, 이른바 자연선택이라는 긴 여정 속에서 하나하나 부분 조립의 형태로 이루어졌다는 사실입니다. 게다가 하나의 개체에서도 아니고 한 무리에서 이러한 사건이 연속적으로 일어난다는 건 현실성이 희박해 보입니다.

전체 공정을 관리하는 감독자나 설계도도 없는 상태에서, 오직 자연선택이라는 시행착오적 작업을 통해 설계 변경이 이루어질 뿐만 아니라, 또한 생체 조직의 부품들이 시의적절하게 때맞춰 제대로 조립된다는 건 실로 놀라운 사건입니다. 이때 부분 조립된 중간 단계의 조직은 기능을 갖추지 못한 미완성 상태일 것입니다. 유기체가 미완성 단계의 조직을 계속해서 지니고 있다면, 이러한 조직은 오히려 생존을 위협하는 방해물일 뿐입니다.

미완성 조직은 자칫 유기체가 도태되는 결과로 이어집니다. 하지만 진화 과정에서 일단 조립된 부품은 설계 변경을 통해 물릴 수가 없습니다. 이렇듯 불필요한 조직을 유지한 채로 긴 세월을 버티면서, 그것도 눈이 먼 상태에서, 최종 기능에 맞추어 부품을 순서대로 조각조각 이어 붙인다는 건 이해하기 힘든 일입니다. 게다가 다단계 조립 과정에서 새로운 설계의 추가 시에도, 발현되는 특성의 거시적 점검 없이, 단지 유전자라는 미시적 설계 수준에서 결정된다는 것입니다.

 미완성 단계의 조직 문제는 불확실성의 정도가 생명체를 어떻게 변화시킬까 하는 의문으로 이어집니다. 생명체가 만일 불확실성이 없어진 상태가 됨으로써 자신이 지닌 장비를 더 이상 사용하지 않게 된다면 과연 무슨 일이 일어날까요? 조직의 사용 여부의 문제와 관련해서, 뇌과학자 이나스는 『꿈꾸는 기계』라는 책에서 '멍게의 일생'이라는 재미있는 뇌의 진화 문제를 예로 보여줍니다.
 멍게는 유생일 때는 올챙이처럼 생겼고, 바닷속을 훌륭하게 헤엄칩니다. 이 단계에서 멍게의 유생은 뇌라고 부를 수 있는 기관을 가지고 있습니다. 그런데 이 유생이 어딘가에 정착하여 더 이상 움직이지 않게 되면, 멍게는 말 그대로 사용하지 않는 자기 뇌를 먹어 치웁니다. 그렇게 해서 멍게는 뇌 없는 동물이 됩니다.
 이나스에 따르면 뇌는 기본적으로 변화하는 환경에서 미래를 예측하기 위한 기관입니다. 즉 생명체의 입장에서 본다면 뇌는 운동을 통제하는 기관이라고 할 수 있습니다. 그런데 이제 운동의 필요성이 사라진 멍게는 더 이상 예측할 필요가 없으므로, 마침내 쓸모가 없어진 기관을 스스로 제거해 버린다는 것입니다.

인간은 진화의 특이점

📖 생명체의 진화사를 살펴보면, 유기성과 항상성의 결합을 통해 생명이 탄생하고 능동성이라는 특성으로 이어짐을 알 수 있습니다. 특히 포유류는 입력되는 자극을 개체 전체가 시공간적으로 공유하기 위해 신경계의 집중이라는 방식을 택함으로써 뇌를 형성하기에 이릅니다. 생명체에 반복적으로 입력되는 자극은, 신경생물학자 헵이 제안한 뉴런의 강화 기제라는 학습 과정을 통해, 그룹을 형성함으로써 기억이라는 기능으로 발전하게 됩니다.

진화 과정에서 포유류의 뇌는 신경세포의 협동현상을 통해 '장거리 질서'를 갖는 기능성 결정구조(結晶構造)라는 신경회로의 집합을 형성하게 됩니다. 이로써 의식이 발현되는 기틀이 마련됩니다. 기능성 결정구조에서 수행되는 장면의 저장과 연결은 사건의 순서를 기억하는 능력인 의식으로 확장됩니다. 의식은 이어서 예측-제어라는 방식으로 신체의 움직임을 최적화하는 알로스타시스 기능을 확보하게 됩니다.

특히 특정 기능을 갖는 신경회로의 형성 시기와 관련해서, 인간의 뇌에 형성되는 언어의 컴파일러라는 신경회로는 유년기에 완성되는 것으로 보입니다. 이러한 조립 특성은 일정한 나이가 지나면 언어의 습득이 힘들어진다는 사실로부터 유추할 수 있습니다.

'함께 발화하면, 함께 묶인다(Fire together, wire together)!'라는 문장으로 요약되는 헵의 반복적 신경 학습 이론은 슈뢰딩거의 『정신과 물질』이라는 책에 나오는 "다시는 반복되지 않는 유일한 경험은 생물학적으로 중요하지 않다."라는 주장을 연상시킵니다. 그런데 이 진술은 비단 생물학에만 적용되는 것이 아니라, 인간의 인지 과정에서도 대전제가 되는 명제임을 새겨둘 필요가 있습니다.

슈뢰딩거의 주장은 다음과 같이 이어집니다.

"의식은 우리가 경험이라 부르는 것에 의해 자신을 환경에 적응시키는 신경계의 기능과 관련된다. 신경계는 우리 종이 여전히 계통발생적인 변화를 하고 있는 장소이다. 의식은 살아있는 물질의 학습과 관련된다."

의식은 사건의 순서를 기억하는 '패턴의 인식'이라는 능력을 제공합니다. 그런데 인간은 의식 외에도 언어의 습득이라는 진화 과정을 통해 사건의 순서를 구성하는 '로직의 재인'이라는 능력을 추가로 갖추게 됩니다. 그리고 재인이라는 추가된 능력은 자발적 입력의 폐쇄적 생성이 가능하게 만들고, 이어서 실행 순서의 구성인 이른바 계획이 가능하게 만듭니다. 이렇게 해서 인간이라는 존재는 목적을 가지고 계획을 세워서 작업을 수행하는 유일한 생물종이 됩니다.

이렇듯 인간종이 특이한 생물종이라면, 지구의 역사에서 인간의 출현과 관련된 시기를 따로 떼어서 볼 필요가 있습니다. 이러한 역사적 시기에는 '인류세'라는 이름이 적합해 보입니다. 어떤 이는 인류에 의해 환경의 파괴를 통한 생태계의 교란이 일어나는 시기를 인류세의 시작으로 정의하기도 합니다. 하지만 인간종의 완성과 관련해서 서사를 사용하기 시작한 시기에 초점을 맞춘다면 진정한 인류세는 '호모'라는 새로운 종명이 부여되기 시작한 시기까지 거슬러 올라가야 마땅할 것 같습니다.

일단 나무에서 내려와 초원에서 직립 보행 생활을 시작한 호모 에렉투스는 직립 보행으로 인해 골반이 점점 작아지게 됩니다. 그런데 여기에 급격한 두뇌의 팽창이라는 진화적 사건이 겹치면서 출산에 문제가 생깁니다. 즉 태아의 큰 머리에 비해 좁은 산도는 산모의 출산 사망률을 증가시키는 문제를 낳게 됩니다. 결국 호모 에렉투스는 조기 출산이라는 해법으로 좁은 산도의 문제를 해결하게 됩니다.

조기 출산한 인류의 신생아는 태아의 연장선에 있는 미숙아에 불과합니다. 다시 말해 태어나자마자 곧장 활동하면서 생존을 위한 적응을 시작하는 일반 포유류의 새끼와 달리, 인류의 신생아는 예나 지금이나 어미의 지속적인 돌봄이 필요한 미숙아인 것입니다.

호모 에렉투스는 집단생활이라는 방식을 통해 미숙아의 돌봄 문제를 해결하기에 이릅니다. 이때 집단생활에서 어휘의 사용은 효율적인 도구로, 특히 생존을 위한 의사소통에 크게 기여함으로써 문화를 창출하는 원동력이 되었을 것입니다. 또한 어휘의 사용은 되먹임을 통해 언어라는 특이한 능력이 계속 개발되도록 부추겼을 것입니다.

언어혁명의 첫 번째 계기는 약 200만 년 전 두뇌의 크기가 거의 두 배 가까이 급격하게 증가한 호모 에렉투스의 출현일 것입니다. 호모 에렉투스는 최초로 언어혁명을 완성한 호미니드로서 청각 신호를 컴파일함으로써 어휘의 사용이 가능해진 인간종으로 보입니다. 이렇게 청각 신호를 컴파일하여 의미를 추출하는 기능은 필시 두뇌의 베르니카 영역의 발달과 관련성이 있으리라 추정됩니다.

이어서 약 20만 년 전 또 한 번 급격한 두뇌 크기의 증가를 보인 호모 사피엔스의 출현이 언어혁명에 결정적으로 기여한 것으로 보입니다. 그런데 인간의 두뇌 크기와 관련해서 흥미로운 점은 인간의 두뇌 크기가 호모 사피엔스의 출현 이래 현재까지 거의 변하지 않았음에도 오늘날 찬란한 문화와 문명을 이루게 되었다는 사실입니다.

언어혁명의 과정을 좀 더 자세히 살펴보면 어휘와 구문의 사용은 청각 신호를 컴파일하여 언어적으로 코드화하는 작업에 의함을 알 수 있습니다. 미가공 상태로 입력되는 청각 신호와 비교하면 언어적 코드화라는 기능적 변환이 주는 이점은 입력 정보의 크기를 엄청나게 압축함으로써 압축성 기억이 가능하게 만든다는 사실입니다.

압축성 기억의 사용이 가능해진 호모 사피엔스는 기억한 순서에 이유를 부여함으로써 순서의 구성이 가능하게 됩니다. 특히 순서를 구성하는 능력은 자발적 입력의 생성이 가능하게 만듭니다. 자발적 입력의 생성 능력을 갖춘 인간은, 외부로부터의 입력이 없이도, 내부의 자발적 입력인 가상자극의 생성을 통해 신체상의 통제라는 출력 현상이 가능해집니다.

가상자극에 의한 반응 형성은 입력 없이 출력이 발생하는 과정입니다. 이때 입력과 출력의 관계를 원인과 결과의 관계로 본다면 자발적 입력의 생성은 원인 없이 결과가 도출되는 현상으로 볼 수 있습니다. 따라서 자유의지라든가 심신인과의 문제는 가상자극을 통한 반응 형성의 기제에 의해 해석이 가능해 보입니다. 어쨌든 가상자극은 인간으로 하여금 전혀 차원이 다른 생물종으로 탈바꿈하게 만듭니다.

앞서 말했듯이 사건의 순서를 구성하는 능력인 마음은 단순히 사건의 순서를 기억하는 능력인 의식과는 차원이 다른 능력입니다. 즉 동물과 달리 인간의 마음은 지각의 지평을 무한으로 확장함으로써, 니체의 표현처럼, 인간을 "순간의 말뚝"에서 놓여나게 만듭니다.

인간이 "순간의 말뚝"에서 놓여났다는 말은 우선순위를 뜻하는 가치의 문제를 다룰 정도로 선택의 범위가 넓어졌다는 말입니다. 인간의 행위에 가치의 문제가 개입하면서 인간은 자연인과의 울타리를 벗어나게 됩니다. 즉 인간의 마음은 생각으로 이루어진 가상 공간을 만들어내고는, 이 공간에 표현형의 세계인 현실 세계의 서사적 모형을 구축함으로써 실재로서 해독되는 가상현실을 구현시킵니다.

다시 말해, 각자의 머릿속에 그려지는 서사적 그림이 곧 그의 현실이 된다는 말입니다. 슈뢰딩거 또한 흥미롭게도 이와 비슷한 이야기를 합니다.

"세계가 단지 존재한다고 해서 자동으로 드러나는 것은 분명 아니다. 세계의 특수한 과정들, 즉 뇌 속에서 일어나는 특정 사건들이 있어야만 세계는 드러난다."

네 차례의 언어혁명

📖 언어의 기원이라는 문제는 생명의 기원이라는 문제와 비슷합니다. 두 가지 모두 지구라는 행성에서 고유한 사건이었고, 그것들이 어떻게 발생했는가에 관해서는 소수의 단서만 남아 있기 때문입니다. 생존 과정에서 신체적 능력의 기여와 달리 언어 능력의 문제는 과학적으로 가늠하기 어려운 추상적 문제입니다.

인간과 영장류를 비롯한 대부분의 포유류는 후두의 성대를 진동시켜 소리를 냅니다. 흔히 울림통이라고 부르는 후두는 목 앞쪽에 위치하는 기관인데, 말하고 숨 쉬는 데 있어 중요한 역할을 합니다. 지금까지는 영장류가 인간과 비슷한 구조의 성대를 가졌지만, 신경학적으로 복잡한 소리를 제어하지 못해서 언어 형태의 복잡한 소리를 내지 못한다고 알려져 왔습니다. 즉 언어 능력은 해부학적 차이가 아니라 두뇌의 차이에서 비롯되는 일종의 지능적 문제라는 것이었습니다.

그런데 최근에 인간과 달리 영장류의 후두는 공기주머니와 성대 막을 가지고 있어서 물리적으로 구조가 다르다는 연구 결과가 발표됩니다. 즉 언어의 문제는 두뇌의 차이인 소프트웨어만의 문제가 아니라, 해부학적 차이인 하드웨어의 문제이기도 하다는 새로운 사실이 밝혀진 것입니다. 성대 막이 있는 경우에는 성대에 가해지는 압력이 낮아지는데, 이렇게 압력이 낮을수록 높은 소리를 내게 됩니다.

이 연구는, 영장류와 달리, 인간은 성대 막이 퇴화해서 없기 때문에 성대에 가해지는 압력이 높아서 안정적인 발성을 할 수 있게 되었다고 설명합니다. 영장류의 소리에서 보이는 진동이 불규칙하거나 주파수가 급격히 바뀌는 발성은 압력이 낮아서 생기는 결과입니다. 그런데 인간의 경우는 퇴화하여 단순해진 구조의 후두가 역설적으로 안정적인 저음이 가능하게 만들었고, 또한 뇌의 진화가 신경학적으로 발성을 제어함으로써 복잡한 언어를 구사할 수 있게 만든 것입니다.

인간은 직립 보행을 시작하면서 척추와 머리뼈의 각도가 변하게 됩니다. 이 과정에서 성대가 있는 후두가 목구멍의 아래쪽으로 하강하는 진화가 일어나게 됩니다. 인간도 신생아는 후두가 목의 높은 위치에 자리 잡고 있습니다. 하지만 생후 20개월쯤 보행을 시작하면서 후두의 하강도 시작되어 경추 4번과 7번 사이에서 멈춥니다. 사실, 후두의 하강은 식사 중에 질식을 유발하는 진화의 결함입니다.

그런데 진화의 결함인 후두의 하강이 역설적으로 성도(聲道)의 길이를 늘여줌으로써 공명을 위한 충분한 공간을 확보하게 되는 바람에 저음을 포함한 다양한 발성이 안정적으로 가능하게 된 것입니다. 또한 이에 따라 후두와 혀 사이의 거리가 멀어지면서 혀를 상하좌우로 자유롭게 움직일 수 있게 되어 다양한 발음이 가능하게 됩니다.

인류의 운명을 바꾼 언어혁명은 '어휘의 발명'과 '문법의 발명' 그리고 '서사의 발명'과 '문자의 발명'이라는 네 번에 걸쳐 일어난 것으로 추정됩니다. 이 중에서 특히 언어의 표현형인 문장의 기본 골격을 완성하게 되는 두 번째 '문법의 발명'과 언어의 기록을 가능하게 만든 네 번째 '문자의 발명'을 1차 및 2차 언어혁명이라 부를 수 있겠습니다.

　1차 및 2차 언어혁명을 포함한 네 차례의 진화적 계기를 거치면서 언어라는 유산이 완성되는데, 여기서 1차 언어혁명의 앞뒤로 일어난 프리-1차 언어혁명인 '어휘의 발명'과 포스트-1차 언어혁명인 '서사의 발명'이 특히 인류의 문화 발전에 견인차 노릇을 하게 됩니다. 그리고 네 차례 중 처음 두 차례의 언어혁명은 두뇌 크기의 급격한 증가가 일어난 호모 에렉투스의 출현 및 호모 사피엔스의 출현과 맞물린 사건으로 언어의 발전에 물꼬를 튼 사건으로 추정됩니다.

　첫 번째 언어혁명은 어휘라는 음성신호의 발명입니다. 조기 출산에 따른 육아 문제를 해결하기 위해 집단거주를 택한 호모 에렉투스 시절에 마침 후두의 진화가 진행됩니다. 이에 따라 집단거주의 상황에서 특정 상황을 알리는 몸짓에 다양한 소리가 반복적으로 겹쳐 사용되면서 음성신호라는 의사소통 방식이 어휘로 굳어졌을 것입니다.

　두 번째 언어혁명은 구문의 형식을 가능하게 만든 문법의 발명 단계인 1차 언어혁명입니다. 어휘의 조합을 통해 구문의 사용이 가능하므로 이 시기에 문법 개념이 자리 잡은 것으로 보아야 합니다. 이렇듯 언어라는 특이한 능력이 어휘와 문법으로 이루어진 형식을 갖추게 됨으로써 비로소 인류는 본격적인 소통 능력을 갖추게 됩니다.

　이어서 일어난 세 번째 언어혁명은 의사소통을 통해 언어를 습득한 인류가 언어로 줄거리를 갖춘 이야기를 꾸미는 서사 구축 능력을 갖추게 되는 단계입니다. 즉 인류는 이유와 귀결이라는 인과성의 연결 고리를 발명함으로써 일상에서 반복되는 체험을 서사적 맥락이라는 흐름으로 이해하게 됩니다. 이로써 사건이 아니라 사례라는 새로운 해석과 이해가 가능하게 되고, 마침내 서사의 발명이 완성됩니다.

마지막 네 번째인 2차 언어혁명은 문자가 발명된 단계입니다. 초기 인류가 사용한 어휘라는 음성신호에 맞춰서 문자라는 표기 방식을 발명하게 된 것입니다. 문자의 발명이라는 단계는 뒤늦게 기원전 5천 년이 되어서야 비로소 가능해집니다. 포스트-1차 언어혁명인 서사의 발명에 이어서 2차 언어혁명인 문자의 발명은 서사의 기록을 가능하게 만듦으로써 인류 문화의 진화사에 변곡점을 구축하게 됩니다.

서사 능력의 발전에 따라 더 많은 어휘가 필요해진 인류는 새로운 어휘의 창조를 시도했을 것입니다. 그러나 새로운 어휘의 계속된 창조는 여러 제약으로 인해 점차 둔화하였을 것입니다. 이에 따라 인류는 어휘의 확장이 아니라 의미의 확장이라는 새로운 차원의 방법을 택하게 됩니다. 이로써 한 어휘가 여러 의미를 지니게 되는 의미의 분화가 일어나게 됩니다. 즉 네 번째 언어혁명 이후, 어휘로부터 의미가 창조되는 의미의 분화라는 역과정이 일어나게 된 것입니다.

초기의 언어 발전을 살펴보면, 청각 신호의 코드화라는 기능적 변환에 의한 음성신호의 발명은 미가공 상태로 입력되는 청각 신호를 압축함으로써 압축성 기억이 가능하게 만듭니다. 입력 정보의 압축은 결과적으로 기억이라는 정보 저장 용량의 기능적 확장을 의미합니다. 여기서 기능적 확장은 비록 실제적인 물리적 부피의 확장은 아니지만 기억 용량이라는 관점에서는 실질적인 확장이나 다름없습니다.

이런 방식으로 기능적 확장이 제공하는 이득의 문제는 컴퓨터의 인쇄 방식이 'BMP' 방식에서 'JPG' 방식으로 진화한 과정과 비교해 보면 이해가 쉽습니다. 컴퓨터는 인쇄 방식에 코드화라는 기능적 변환 방식을 적용함으로써, 프린터의 저장 용량의 실질적 확장과 인쇄 속도의 고속화라는 실로 엄청난 이득을 보고 있는 것입니다.

그리고 앞서도 언급했듯이 인간의 두뇌와 관련해서 흥미로운 점은 인간의 두뇌 크기가 호모 사피엔스의 출현 이래 현재까지 거의 변화하지 않았음에도 오늘날 찬란한 문화와 문명을 이루게 되었다는 것입니다. 이렇듯 초기의 언어혁명 이후 인간종이 두뇌 크기와 무관하게 문화와 문명의 꽃을 피울 수 있었던 것은 두뇌라는 하드웨어보다 서사의 발명과 기록이라는 소프트웨어의 덕분임을 주목해야 합니다.

우리는 선사시대 사냥에 대한 서사가 동굴 속 벽화라는 형식으로 전해온다는 사실을 익히 알고 있습니다. 하지만 서사를 통해 실은 정보와 지식이 전달되고 전승되었다는 사실을 간과해서는 안 됩니다. 인류는 서사의 구성을 통해 가상인과를 발명하고는 다시 거꾸로 가상인과를 이용해 서사를 가공함으로써 정보와 지식을 축적해온 것입니다. 이러한 서사적 배경이 훗날 문화와 문명의 기초가 되는 토양을 형성할 수 있었던 것입니다.

자연선택과 인공선택

> 지구상의 모든 생물은 생존 가능한 개체 수보다 훨씬 많은 후손을 생산해 낸다. 이 때문에 모든 생물은 제한된 자원이라는 한계 속에서 생존경쟁을 벌여야 하며 이를 위해 변이가 발생한다. 적합한 변이는 후손에게 전달돼 보존되고 부적합한 변이는 도태된다. 이것이 자연의 선택이다.
>
> – 다윈

진화는 정체성이 보전되는 유기체의 능동적 변화를 일컫습니다. 사실, 진화론은 다윈 이전에도 주장됐습니다. 그런데 다윈이 이에 자료를 첨부하게 된 것입니다. 다윈은 자신이 관찰하고 수집한 여러 종의 자료에 근거해서 인간이라는 종 역시 자연선택의 테두리를 벗어나지 못한다고 생각하고 모든 종의 기원이 한 뿌리라고 주장합니다.

다윈이 진화론의 단초를 발견한 계기는 맬서스의 『인구론』으로 알려져 있습니다. 먹이의 증가는 개체 수의 폭발적인 증가를 감당할 수 없으므로 결국 언젠가는 멸종에 이른다는 '맬서스의 덫'은 생존경쟁이라는 개념으로 다윈을 일깨웠고, 마침내 진화론이라는 이론으로 모습을 갖추게 됩니다.

다윈은 특정 형질이 보존되도록 유도하는 가축선택을 예로 들어 보이면서, 모든 생명이 관련되는 자연사에도 이와 유사한 과정이 일어난다고 주장합니다. 자연의 여러 종을 비교함으로써 자연사에도 가축선택과 유사한 과정이 존재한다고 확신한 다윈은 '가축선택'이라는 용어에서 영감을 얻은 듯 '자연선택'이라는 용어를 사용합니다.

과연 자연사에는 가축선택과 유사한 자연선택이라는 과정이 존재할까요? 가축선택은 특정 형질의 보존을 유도하는 '인간'이라는 주체에 의해 이루어집니다. 그렇다면 자연사에도 형질의 보존을 유도하는 '어떤 주체'가 존재한다는 말일까요? 신의 존재를 배제한 다윈은 이러한 힘의 소재를 '생존경쟁'이라는 과정에 떠맡깁니다. 개체 사이의 생존경쟁이 자연선택이라는 과정을 이룸으로써 진화를 완성하게 된다는 주장인데, 과정은 주체가 될 수 없다는 문제가 있습니다.

그리고 생존 과정에는 개체와 개체 사이의 경쟁을 넘어선 곳에 무작위로 변화하는 자연환경이 존재합니다. 자연환경은 생존 과정에서 단순히 배경이라는 단역에 그치는 존재가 아니라 생명체와 직접 상호작용을 하는 적극적인 변수라는 점과 여기에 합작하는 우발적인 요인의 등장 또한 무시할 수 없음을 알아야 합니다.

다윈 이전 시대의 신학자 페일리의 「자연 신학」이라는 논문을 보면, "풀밭을 걸어가다가 '돌' 하나가 발에 채였다고 상상해 보자."라는 구절로 시작되어, "그러나 돌이 아니라 '시계'를 발견했다고 가정해 보자."라는 구절로 이어집니다. 그리고는 "시계 속에 존재하는 설계의 증거, 그것이 설계되었다는 모든 증거는 자연의 작품에도 존재한다."라는 구절이 나옵니다. 페일리는 논문에서 인간의 눈을 예로 들면서, 생명체가 목적을 가지고 만들어진 존재임을 강조합니다.

다윈은 눈의 진화에 대해 이렇게 이야기합니다. "흉내 낼 수 없는 온갖 장치들을 모두 가진 눈 … 눈이 자연선택에 의해 형성되었다고 가정하는 것은, 솔직히 고백하건대, 무리가 있는 듯하다." 그런데 그는 다른 한편으론 현대 동물이 지닌 여러 종류의 눈들을 간단한 것부터 복잡한 순으로 나열해 보이면서, 인간의 눈의 진화 과정이 이와 비슷한 과정을 거쳤을 것이라고 제안합니다.

한편, 다윈은 눈의 궁극적 기원에 관한 질문에 대해서는 다음과 같은 문구로 외면해 버립니다. "어떻게 신경이 빛을 느끼게 되었는가 하는 문제는, 생명 그 자체가 어떻게 유래했는가 하는 문제나 마찬가지로 우리의 관심사가 아니다."

그런데 눈의 문제와 관련해서 1966년 필라델피아에서 열린 수학자와 진화생물학자 사이의 심포지엄을 눈여겨볼 필요가 있습니다. 이 심포지엄에서 한 수학자는, 눈을 만드는 데 필요한 회수만큼의 돌연변이가 일어나기에는, 지구의 나이가 턱없이 모자란다고 주장합니다. 또 다른 수학자는 진화론에는 상당한 빈틈이 존재하는데, 이 빈틈이 현재의 생물학 지식으로는 메울 수 없는 성질의 것으로 믿는다고 이야기합니다. "다윈이 틀렸다는 것이 아니라, 그가 진실의 일부분만을 다루었다는 것이다."라는 카우프만의 이야기는 진화가 자연선택과 인공선택의 협업으로 이루어짐을 상기시킵니다.

한편, 도킨스는 ― 앞서 페일리 논문의 '시계' 이야기에서 깊은 감명을 받았다고 말하면서도 이를 뒤집어서 ― '자연선택'이라는 다윈 진화론의 주인공을 옹호하는 『눈먼 시계공』이라는 책을 씁니다. 하지만 자연선택이라는 '눈먼 시계공'이, 도대체 어떻게 눈이 먼 상태에서, '자연의 작품'이라는 정교한 '살아있는 시계'를 제대로 조립할 수 있었던 것일까 하는 궁극적 의문을 잠재우기 힘들어 보입니다.

이렇듯 애매모호한 개념의 자연선택을 통해 살아남은 생물종 중에서 인간종만은 자연의 선택을 벗어나는 예외적인 특성을 보입니다. 인류의 문화가 바로 이러한 예외적 특성인데, 인간종은 진화의 역사에서 집단적 형질을 문화로 변환시킵니다. 변환의 첫 단계는 집단이 지닌 고유한 특성이 독특한 형태의 집단적 형질로 구조화된 것입니다. 그리고 집단적 형질은 이어서 그 집단을 보호하는 집단적 감각질로 전환되고, 마침내 문화라는 형태로 정착하게 되었을 것입니다.

그런데 문화는 집단을 보호하는 방어막의 기능 외에도 본능을 왜곡시키는 엉뚱한 기능을 또한 갖추고 있습니다. 이러한 문화의 특이한 속성과 관련해서, 흥미롭게도 생물학자들은 서로 다른 해석을 내놓습니다. 굴드는 문화를 학습에 따른 획득형질로 파악했지만, 윌슨은 '문화소(culturgen)'라는 유전 인자에 의한 유전형질이라고 주장합니다. 특히 도킨스는 문화를 '확장된 표현형'이라는 이름으로 포장해서는 '이기적 유전자'의 약점을 가리기 위한 보완 작업을 도모합니다.

우연히 발생한 형질이 특정 환경에서 생존에 기여함으로써 살아남는 현상을 자연선택이라 일컫습니다. 하지만 생존한 유기체의 형질로부터 자연선택이라는 과정의 복원은 가능하지 않습니다. 특히 매 순간 한 형태의 자연선택만 일어나는 것은 아닐 테고, 또한 모든 자연선택이 발생하는 대로 즉시 생존에 기여한다고도 볼 수 없습니다.

즉 우수한 형질이 가혹한 환경을 만난 탓에 사라지는가 하면, 상대적으로 열등한 형질이 유화적인 환경을 만난 덕에 살아남는 수도 있습니다. 좋은 발명품이 때로는 빛을 보지 못하고 사라질 때가 있듯이, 좋은 형질 또한 매번 유전되는 것은 아니라는 말입니다.

그리고 형질의 발현이 우발적이듯 형질의 유전 또한 우발적입니다. 그렇다면 자연선택이라는 용어에서 선택이라는 개념은 구체적인 행위 과정이 빠진 속이 빈 거푸집이 되고 맙니다. 생존의 문제는 자연의 선택이나 강요에 의한 것이 아니라, 우연히 부딪쳐오는 환경에 대한 유기체 자신의 선택에 의해 결정된다고 보아야 할 것입니다.

한편, 진화의 유형은 생존 단위가 결정한다는 주장도 있습니다. 자연환경에의 대응 방식이 진화의 유형을 결정한다는 말입니다. 진화의 유형 문제와 관련해서 생존 단위를 유전자와 유기체 그리고 군집 중 무엇으로 볼 것인가 하는 규모에 따른 해석과 풀이는 흥미를 끕니다.

진화의 요체는 지구상에서 연속적으로 변하는 환경과의 반응 사건들이 알고리듬의 형태로 변환되어 생명체의 내부에 저장된다는 것입니다. 이러한 변환은 사건의 순서를 기억하는 능력에 의해 가능합니다. 그런데 바로 이 과정으로 인해 우리는 지구상의 생물학적 역사가 목적이라는 개념에 의해 주도된다고 생각하게 됩니다. 목적은 미래를 예측함으로써 가능합니다.

여기서 방향성이 없이 무작위로 진행되는 자연의 과정에 목적이라는 개념을 적용한다는 건 과학적이지 않다는 것이 쟁점이 됩니다. 그런데 자연에 목적 개념이 없다고 해서 생물의 생활사에도 목적 개념이 없다고 말하는 건 지나쳐 보입니다. 인간을 포함한 동물의 거동을 살펴보면, 모든 행위에는 이유와 목적이 따르는 듯이 보이기 때문입니다. 생물의 생활사는 자신의 목적에 맞춰 스스로 선택한 결정에 따라 좌우된다는 사실에 주목해야 합니다.

때로는 사건이 일어나는 순서의 기억이라는 작업이 본능이라는 이름으로 각인되기도 합니다만, 어쨌든 모든 동물은 사건의 순서에 대한 기억을 통해 어떤 선행 사건이 특정 후행 사건으로 이어지는 패턴을 인지하고 있는 것으로 보입니다. 즉 특별한 후행 사건을 원할 경우에는 ― 유전적 기억 속의 순서에 의해 ― 그와 관련된 선행 사건을 일으켜야 한다는 점을 알고 있다는 것입니다.

이때 동물의 거동은 후행 사건을 예측하고 이를 목적으로 선행 사건을 시도하는 것처럼 보입니다. 이것이 동물의 세계에서 목적을 가진 행위가 나타나는 과정입니다. 비록 기억을 재현하는 과정이지만 여기에는 순차적 사건에 대한 기대라는 해석이 가능합니다. 순차적 사건의 진행은 선행 사건에 초점을 맞춘다면 이유로 보일 것이고, 후행 사건에 초점을 맞춘다면 목적으로 보일 것입니다. 여기서 이유나 목적을 기능의 관점으로만 해석하는 건 무리가 있어 보입니다.

동물의 의식은 순차적 사건의 순서를 기억하여 경험적 맥락을 구성함으로써 그들의 행위에 목적이라는 개념을 개입시킵니다. 하지만 이런 행동을, 마치 동물이 자신의 생존에 유리하다고 판단해서 선택한다는 식으로, 지능의 문제와 연결 지어 해석하는 것은 지나친 생각입니다. 특히 유전자가 생존에 유리한 행위를 스스로 선택이라도 하는 듯이 '이기적 유전자'라는 서사적 표현을 사용하는 것은 과학을 호도하는 행위로 보입니다.

흥미롭게도 진화론 또한 진화합니다. 생존보다 번식을 우선으로

선택했다는 수컷 공작의 화려한 꽁지에 대한 논쟁과 관련해서, 최근에 시각(視覺)에 대한 물리학자들의 새로운 연구가 소개된 바 있습니다. 인간과 비슷한 시각 체계를 갖춘 조류에 비해, 포유류 포식자는 대부분 적록색맹(赤綠色盲)이라는 것입니다. 따라서 푸른 숲을 배경으로 서있는 화려한 꽁지를 지닌 수컷 공작이 오히려 이런 포식자의 눈에는 잘 띄지 않기 때문에 생존에 그다지 불리하지 않다는 주장입니다.

물리과학에서는 전자(電子)가 이런저런 선택을 하고 이런저런 행동을 취한다는 설명을 해도, 비유로 간주할 뿐 누구도 전자(電子)에 실제 의지가 있다고 생각하지는 않습니다. 그러나 생물과학에서는 유전자가 이런저런 선택을 하고 이런저런 행동을 취한다는 설명을 하면, 마치 유전자에 의지가 있는 것처럼 쉽게 믿는 경향이 있습니다.

이러한 상황은 비록 능동성에 대한 몰이해에서 비롯되기는 하지만, 어쨌든 앞서 비유의 문제를 포함해서 공작의 꽁지에 관한 새로운 연구 결과는 의인화라는 인간의 서사적 습성에 대해 돌아보게 만드는 계기가 될 듯싶습니다. 특히 자연선택이라는 용어의 사용에서 보듯이 우리가 서사적 의인화에 지나치게 의존하고 있는 건 아닌지 반성할 필요가 있습니다.

월리스의 진화론

📖 다윈과 월리스의 관계는 흔히 경쟁 관계로 알려져 있습니다. 하지만 그들의 개인적인 관계는 그리 나쁘지 않았습니다. 월리스는 자신의 책을 펴내면서 『다윈주의』라고 제목을 붙이고는, 서문에 "다윈의 위대한 원리의 힘과 범위를 이해시키려는 목적"으로 책을 썼다고 다윈을 치켜세웁니다. 다윈도 『종의 기원』 서문에서 "자연선택에 관한 이론은 월리스 씨가 경탄할 만한 힘과 명료함을 가지고 발표하였다."라고 적고 있습니다.

월리스는 다윈과 독립적으로 자연선택을 통한 진화의 개념을 만듦으로써 다윈과 함께 진화론의 아버지로 불릴 만큼 생물학의 패러다임을 크게 바꾼 사람입니다. 혹시 누군가는 월리스를 단순히 아마추어 탐험가로 치부할지도 모르겠지만, 사실 그는 다윈과 같은 박물학자로 대우받아 마땅한 사람입니다.

1848년에 월리스는 훗날 '베이츠 변태'로 유명해진 생물학자 헨리 베이츠와 함께 남아메리카의 아마조니아를 탐험하면서, 현지의 언어와 풍습에 대한 기록과 함께 많은 생물 표본을 수집했습니다. 그러나 안타깝게도 귀국하는 길에 탑승한 배에 불이 나는 바람에 그는 채집품을 거의 모두 잃고 맙니다.

남미 사건 이후 말레이 군도에서 수행한 방대한 답사 연구로 유명한 월리스는, 아시아의 동식물과 오세아니아의 동식물이 정확히 나뉘는 지점을 발견함으로써, 서식하는 생물종에 따라서 세계의 생태계를 구분하는 법을 확립하게 됩니다. 이 업적을 기려서 월리스가 발견한 생태계의 지리적 경계선을 '월리스 선'이라고 부릅니다. 그는 동물의 경고색과 종의 분리를 설명하는 '월리스 효과' 등 진화론의 발전에도 크게 기여했습니다.

또한 동물종의 분포와 지리학의 연관 연구에 대한 기여로 인해, 월리스는 '생물지리학의 아버지'로도 불리는데, 특히 그의 1904년 저술인 『우주에서 인간의 위치』는 다른 행성에 생명체가 존재할 가능성을 평가하기 위한 생물학자의 첫 번째 진지한 시도로 간주됩니다. 이렇듯 그는 우주생물학의 확립에도 크게 기여를 한 바 있는데, 그가 화성 표면의 기후에 대해 계산한 결과는 외계 생물이 존재하기 위한 필수조건인 '골디락스 존'에 대한 논의로 이어집니다.

진화론과 관련해서 다윈의 연구 방식이 표본 채집에 의존했다면, 월리스의 연구 방식은 거주 탐사에 의존했습니다. 그런데 남미와 말레이 군도에서 원주민과 함께 생활한 체험의 영향 때문인지 월리스는 인간의 진화에 대해서는 다윈과 다른 의견을 갖게 됩니다. 다윈은 인간의 마음도 진화한다고 생각했지만, 월리스는 인간의 영혼만은 예외라고 생각한 것입니다.

월리스는 인간의 영혼이 초자연적 기원을 가져야 한다고 생각합니다. "우리는 진화를 통해서는 만들어질 수 없는, 반드시 다른 기원을 가지는 지적, 도덕적 특성이 있다. 여기서 다른 기원은 바로 보이지 않는 우주의 영혼이다." 이렇게 월리스가 인간의 진화와 관련해서 엉뚱한 발언을 하자, 다윈은 월리스에게 "나와 당신의 아이[진화론]를 완벽하게 죽이는 우를 범하지 말라."라고 주의를 주기도 합니다.

이러한 월리스의 태도는 인간의 마음에 대한 의문으로, 이 문제는 언어의 이해를 통해 해결이 가능합니다. 어쨌든 자연도태라는 표현에는 의도성이 전제되지 않지만, 자연선택에는 의도성이 내포된다고 생각한 월리스는 다윈에게 다음과 같은 흥미로운 편지를 보냅니다.

"이제 저는 이런 문제가 대부분 자연선택이라는 용어와 이 용어를 그 효과에서 끊임없이 인간의 선택과 비교하고, 또한 '선택한다', '선호한다', '종이 얻는 이득만을 찾는다.' 등 너무나 자주 자연을 인격화해서 발생한다고 생각합니다. 소수의 사람에게는 이것이 명약관화하고 참으로 시사하는 바가 크지만, 많은 사람에게는 분명 넘기 힘든 장애물입니다."

월리스의 편지는 다음과 같이 이어집니다.

"그래서 저는 선생님의 위대한 작업과 — 너무 늦지 않았다면 — 앞으로 나올 『기원』의 새 판본에 생길 오해의 근원을 종식시킬 수 있는 방법을 제안하고 싶습니다. 저는 스펜서의 용어 — 대개 스펜서는 이 용어를 자연선택이라는 단어보다 더 즐겨 사용합니다만 — 즉 '최적자 생존'을 택해 별 어려움 없이 매우 효과적으로 오해를 피할 수 있다고 생각합니다. 이 용어는 사실을 있는 그대로 전달합니다. 자연선택은 이 용어를 은유적으로 표현한 것이며, 어느 정도 간접적이며 부정확하기도 합니다. 자연을 아무리 인격화해도 자연은 특별한 변이를 선택하기보다 가장 불리한 변이를 절멸시킬 것이기 때문입니다."

다윈과 월리스 두 사람의 생각은 놀라울 정도로 유사했지만, 인간의 진화와 몇몇 세부 사실들에서는 의견이 엇갈렸습니다. 이러한 불일치를 비롯한 다윈 진화론과 현대 진화론의 차이에 관한 이야기는 헬레나 크로닌의 『개미와 공작』이라는 책에 잘 소개되어 있습니다. 여기서 '개미'는 왜 어떤 동물은 다른 이를 위해 자신을 희생하는가 하는 '이타주의' 문제를 상징하고, '공작'은 왜 어떤 수컷은 불필요하게 화려한 장식을 갖게 되었는가 하는 '성차' 문제를 상징합니다.

현대 생물학자에게 성차 문제는 수컷 공작의 화려한 꽁지의 비용에 대한 문제입니다. 수컷 공작의 꽁지는 눈에 잘 띄며, 이를 크게 키우는 데 큰 비용이 들 뿐만 아니라 하늘을 날기 어렵게 만듭니다. 그런데 왜 수컷 공작은 화려한 꽁지를 지니고 있을까요? 이 문제에는 두 가지 풀이가 가능한데, 크로닌은 다윈과 월리스의 견해가 바로 두 풀이의 원형이라고 이야기합니다.

즉 어떤 생물학자는 다윈처럼 자연선택 외에 성선택과 같은 다른 힘이 작용한다고 생각하고, 다른 생물학자는 월리스처럼 자연선택만이 작동한다고 생각합니다. 다윈은 자연선택이 인색한 회계사이며, 철저하게 실리를 챙기고 오직 생존에 유리한 특성만을 선호하므로 수컷 공작의 꽁지를 설명할 수 없다고 생각했습니다. 자연선택은 장식 따위를 만들어낼 수 없으므로, 다윈은 암컷의 미적인 선호에 의한 선택이 자연선택이 설명하지 못하는 부분을 보강한다고 주장했습니다.

그런데 월리스는 장식의 문제를 실제 문제로 생각하지 않았으므로 암컷의 선택이라는 다윈의 주장을 부정합니다. 크로닌은 월리스가 수컷 공작의 꽁지는 진화를 통해 자연스럽게 만들어진 것이며, 이를 설명하는 데 특별한 다른 논리가 필요하지 않다고 생각한 듯싶다고 설명합니다. "나는 다윈보다 더 다윈주의자다."라고 스스로 이야기할 정도로 엄격한 다윈주의자인 월리스는 새가 성별에 따라 색깔이 달라지는 것을 자연선택만으로 설명하려 했습니다.

그는 수컷의 화려한 꽁지보다 암컷 꽁지의 평범함이 더 문제라고 생각했고, 자연선택은 둥지에 앉아있을 때 보호색이 될 수 있는 꽁지를 선호한다고 설명했습니다. 월리스는 암컷의 선택이 불필요하다고 생각했을 뿐만 아니라 그것이 불가능하다고 믿었습니다. 그는 암컷이 미적으로 수컷을 차별하거나 선택하는 행동이 오래 지속하는 진화적 효과를 낳을 정도로 일관성이 있을 수 없다고 주장했습니다.

흥미롭게도 다윈과 월리스는, 크로닌이 개미 문제라 부른, 이타주의적 행동을 설명할 때는 성차 문제에서 보인 서로의 태도를 바꾸어 다시 대립했습니다. 개미는 ― 크로닌의 표현에 의하면 ― '성자와 같은 자기희생'을 상징합니다. 다윈은 더 다윈주의에 가까운 주장을 펼쳤고, 월리스는 반대로 그렇지 않았습니다. 이타주의 문제를 크로닌은 다음과 같이 표현합니다.

"자연선택은 지나치게 요구하며, 혹독하고 가혹하며 약함을 참지 못하고 고통에 무관심하므로, 이런 과정에 의해 만들어진 생명체는 끊임없이 투쟁하면서 자신의 이익만을 추구하며 다른 이들을 돌아보지 않을 것이다." 그러나 "수많은 동물은 놀라울 정도로 이타적이며 신사적으로 행동할 뿐 아니라, 공동체의 이익을 위해 성실하게 일하며 숭고한 정신과 관대한 행동"을 보인다고 설명합니다.

누군가는 월리스의 연구가 없었다면 은둔자 다윈의 연구는 세상의 빛을 보지 못한 채 서재에 묻히고 말았을지도 모른다고 말합니다. 그리고 다윈의 방대하고 체계적인 연구가 아니었다면 '흙수저'에 불과했던 월리스의 연구는 제대로 된 평가를 받기가 어려웠을지 모른다고 말합니다. 그런데 비슷하면 똑같다는 식의 다윈에 비해 비슷하면 다르다는 식의 월리스가 인간에 대해 더 깊은 통찰을 지녔던 것으로 보입니다. 특히 언어와 관련된 인간 정신의 근거에 대해 월리스는 다윈과 다른 견해를 가진 것으로 보여 진화론에 여운을 남깁니다.

부록 2-1: 한자와 시공간에 관한 서사

동양은 한자의 영향권에 있기 때문에 모두 한자 문화와의 연관성이 큽니다. 우리의 일상 또한 생각보다 많은 한자어가 사용되고 있기에 한자를 통해서도 우리 문화를 엿볼 기회가 많습니다. 이제 인류가 진화 과정에서 시공간을 어떤 식으로 이해했는지, 시공간의 개념과 연결되는 한자어의 서사를 살펴보는 것도 흥미롭습니다.

여기서는 먼저 '존재(存在)'라는 한자를 살펴보겠습니다. '존재(存在)'의 '존(存)'이라는 한자와 '재(在)'라는 한자는 모두 "있음"이라는 같은 훈을 갖고 있습니다. 그런데 '존(存)'이라는 한자의 구조를 살펴보면, '存=有+子'라는 파자식(破字式) 풀이에서 보듯이, '있을 유(有)'와 '아들 자(子)'를 결합한 글자로 새길 수 있습니다. 즉 '존(存)'은 '자손을 통해 있음', 즉 '시간상에 있음'을 나타낸다고 볼 수 있습니다.

한편, '재(在)'라는 한자의 훈 또한 "있음"입니다. 그런데 '재(在)'라는 한자는 '존(存)'이라는 한자와 훈은 같지만 구조가 다릅니다. '재(在)'라는 한자의 파자식 구조를 보면, '在=有+土'에서 보듯이, '있을 유(有)'와 '흙 토(土)'를 결합한 글자로 새길 수 있습니다. 즉 '재(在)'는 '땅 위에 있음', 즉 '공간상에 있음'을 나타냅니다. '존재'라는 단어는 시간과 공간 양쪽에 걸쳐 있음을 뜻하는데, 특기할 점은 생명과 관련된 문제에는 '시간상에 있음'을 뜻하는 '생존(生存)'만 사용된다는 것입니다.

방금 '존재'라는 단어에서 보았듯이, 한자어에는 시간에 관련된 글자와 공간에 관련된 글자가 제법 있습니다. 우리가 잘 아는 천자문의 첫 구절인 "천지현황(天地玄黃) 우주홍황(宇宙洪荒)"이 또 다른 예입니다. 우리는 첫 구절의 둘째 문장인 "우주홍황(宇宙洪荒)"의 첫 두 글자를 '집 우(宇)'와 '집 주(宙)'로 새깁니다. 이렇듯 두 글자가 모두 '집'을 나타내기 때문에 구절의 새김에서 혼란이 올 수도 있습니다.

그런데 '집 우(宇)'와 '집 주(宙)'라는 두 한자는 서로 다른 집을 나타냅니다. 앞의 '집 우(宇)'는 '공간의 집'을 가리키고, 뒤의 '집 주(宙)'는 '시간의 집'을 가리킵니다. 그래서 "우(宇)는 홍(洪)하고, 주(宙)는 황(荒)하다."로 읽히는 '우주홍황(宇宙洪荒)'의 의미를 새겨보면, "['우(宇)'라는 이름을 갖는] 하늘의 공간은 아주 넓고, ['주(宙)'라는 이름을 갖는] 미래의 시간은 아직 다듬어지지 않아서 거칠다."라는 뜻이 됩니다.

특히 첫 구절의 첫 문장인 "천지현황(天地玄黃)"을 "하늘은 검고 땅은 누렇다."라고 해석하는 것을 봅니다. 그런데 왜 하늘을 검다고 하는 것일까요? 여러분도 혹시 어린 시절에 "하늘 천, 따 지, 가물 현, 누루 황…." 하며 천자문을 외우던 기억이 있을지 모르겠습니다. 그리고 이와 관련해서 누군가 '가물'은 옛말이고, '검을'이 현대어이기 때문에 '검을 현(玄)'이 옳다고 말하는 걸 들어본 적이 있을 것입니다.

'현(玄)'이라는 한자의 훈은 '가물 현(玄)'이 맞습니다. 흔히 '흑(黑)'과 '현(玄)' 두 한자 모두 '검은색'을 뜻한다고 생각하기 쉬운데, 사실은 전혀 다른 뜻입니다. '흑(黑)'이라는 한자는 색상의 문제로 색깔 자체가 '검은' 상태를 나타냅니다. 하지만 '현(玄)'이라는 한자는 양상의 문제로, 색깔과는 무관하고, 멀리 있어 '가물가물한' 상태를 나타냅니다. 즉 '현(玄)'은 까마득히 멀어서 가물가물한 모습입니다. 어떤 색이든 까마득히 멀다면 가물가물해서 모두 검은 듯 보이겠지만 실제로 검은색은 아닙니다. 하늘은 그 끝이 까마득히 멀어서 가물

가물할 뿐입니다.

 한편, 시간의 문제와 관련해서 불교에는 환생을 통한 윤회라는 개념이 있습니다. 그리고 윤회의 과정과 관련해서, 다시 인간으로 태어날 확률의 크기를 눈먼 거북과 부목(浮木)의 만남에 빗댄 '맹귀우목(盲龜遇木)'이라는 비유가 있습니다. 인간으로 환생할 확률의 크기가, 눈먼 거북이 깊은 바다 속에서 넓은 바다 위 해면으로 떠오르면서, 꼭 목이 들어갈 만한 크기의 구멍이 있는 나무토막에 딱 들어맞게 떠오르는 확률의 값만큼이나 어마어마하게 작다는 이야기입니다. 불교에서는 이렇게 특별하게 얽히는 관계를 '인연'이라고 부릅니다.
 여기서 '인연(因緣)'이라는 단어가 또한, 앞서 이야기한 '존재(存在)'라는 단어처럼, 시간 및 공간과 관련된 뜻을 지닌 글자입니다. '인(因)'이라는 한자는 시간의 축에서 연결되는 상관관계를 뜻하지만, '연(緣)'이라는 한자는 공간의 축에서 맺어지는 상관관계를 뜻합니다. 즉 인연이 있다는 말은 시간적으로도 그리고 공간적으로도 상관관계가 있다는 뜻입니다. 그런데 인간으로 환생할 확률에 대한 불교의 '맹귀우목(盲龜遇木)'이라는 비유는 어쩌면 지구상에서 생명이 출현할 확률에 적합한 비유일지 모른다는 생각이 듭니다.

부록 2-2: 선종과 화두에 관한 서사

서사가 인류의 뿌리인 이상 종교에도 서사 의존성이 존재합니다. 특히 불교에서 '인연(因緣)'만큼이나 중요하고 흥미로운 개념인 '선(禪)'에 대해 불교학자라 할 수 있는 오경웅은 『선학(禪學)의 황금시대』라는 그의 저술에서 다음과 같이 이야기합니다.

"선(禪)의 기원은 현존하는 모든 전통이 그러하듯이 신화와 전설 가운데에 가리어져 있다. 그래서 선(禪)의 출발도 자연히 석가모니에서부터 언급되어야 할 것이다.
예전에 석가모니가 영산에서 대중들에게 설법을 하고 있었다. 설법을 마치면서 석가모니는 말없이 꽃 한 송이를 집어 들고 청중 앞에 보였다. 모여있던 대중은 이 기이한 행동에 놀라 침묵했고, 뜻밖의 모습이 무엇을 전하고자 하는지 궁금해했다. 그때 단지 가섭만이 회심의 미소를 띠었다."

"나는 정법안장과 열반으로 통하는 말할 수 없는 미묘한 통찰력을 가지고 있습니다. 이 열반은 무형의 모습을 지닌 신비스러운 형상의 관문을 여는 것이며, 문자로써 알 수 있는 것이 아니며, 모든 경전 밖의 방법으로 전달되는 것입니다. 이제 나는 이 비전을 가섭에게 부촉합니다."

"선(禪)은 한 송이 꽃과 한 번의 미소 사이에서 태어났다고 함이 적절하다. 이 일화는 사람에 따라서 사실이라고 여기기에는 너무 아름답다고 말할지 모른다. 그러나 이 이야기는 또한 거짓이라고 하기에도 너무 아름다운 것이기도 하다. 선(禪)의 생명은 역사적 사실에 의존하고 있지 않다."

 사실, 선종의 시조와 관련된 불교 최초의 화두라는 이 일화는 경전의 근거가 취약합니다. 아무래도 후기 북방 불교의 종파인 선종의 누군가 종파와 화두의 정당성을 주장하기 위해 지어낸 이야기로 보입니다. 게다가 가섭을 시조로 하는 인도 선종의 계보도 날조임이 드러났습니다. 이쯤 되면 선종의 정당성은 다분히 의심받을 만합니다.

 특히, 시간과 공간을 초월해서 과거·현재·미래에 두루 편재(遍在)하며 불변불멸하고 무애자재(無碍自在)한 존재라고 주장하는 선종의 '마음'은 일반 종교가 주장하는 '신(神)'의 속성과 닮은꼴입니다. 그래선지 마음이 온갖 것을 만든다며 '일체유심조(一切唯心造)'라고 주장하는데, 마음은 서사를 지어낼 뿐 세상을 만드는 건 정신으로 보아야 합니다. 그렇다면 '일체유신조(一切唯神造)'가 적합한 표현으로, '신(神)'은 정신을 말합니다.

 한편, 석가의 부촉 선언에는 '묘심(妙心)'이라는 단어가 나옵니다. '妙'의 본자인 '玅'는, '玄'이라는 한자처럼, 그런 듯싶긴 한데 분명치 않아서 모르겠다는 뜻입니다. 즉 '현묘한 마음'으로 풀이되는 '묘심'은 마음인 듯싶긴 한데 잘 모르겠다는 말입니다. 또한 "문자로써 알 수 있는 것이 아니며, 모든 경전 밖의 방법으로 전달되는 비전"이라는, 종교적 표현으로 보기 힘든 신비주의적인 구절도 보입니다.

 어쨌든 문자로 알 수 없을 뿐만 아니라 경전에도 없는 내용이라면 기존의 불교와는 다르고, 지구상에는 없던 초유의 사상임이 분명합니다. 그리고 말로는 표현이 안 되고, 꽃으로는 표현이 가능한 걸 보면 비밀리에 전해지는 비전임이 틀림없습니다. 그런데 위의 표현을 보노라면 왠지 컴컴한 지하실에 모여서 손에 꽃을 들고 주문을 외우는 사이비 종교와 관련된 오컬트 영화의 한 장면이 연상됩니다.

석가의 선언에는 '불립문자(不立文字)'라든가 '교외별전(敎外別傳)'과 같은 선종의 주장이 고스란히 들어있습니다. 물론 선종은 석가의 주장을 그대로 계승해서 사용하고 있는 것이라고 거꾸로 주장할 것입니다. 그런데 '불립문자'와 같은 사상은 깨달음의 과정에서 중요한 역할을 할 수 있는 획기적인 개념이므로, 이후 석가의 설법에서 반복되어야 마땅한 내용인데도 그러한 흔적은 찾기 힘듭니다.

'염화시중(拈華示衆)의 미소'라는 화두로 전해지는 이 일화는 이심전심(以心傳心)의 전형으로도 유명합니다. 그리고 이 화두에서 석가가 들었던 꽃이 '연꽃'이라고 특정되어 전파되면서 수많은 자의적인 해석이 뒤따르게 됩니다. 그런데 이심전심이라 부르는 교감의 문제에서는 공통된 경험에서 비롯되는 공통 서사가 중요한 역할을 담당합니다.

개인의 생각은 설명이 가능하겠지만, 느낌은 설명이 가능하지 않습니다. 느낌은 감각질과 관련된 문제로 타인은 알 수 없는 1인칭적 개념이기 때문입니다. 그렇다면 교감이라는 상태는 자칫 오해에서 비롯된 상황일 수도 있습니다. 혹시라도 현대의 심리철학자가 영산의 설법을 목격하게 된다면, 석가와 가섭 사이에 있었던 사건은 모종의 오해로 인한 엉뚱한 해프닝으로 보아야 한다고 논평할지도 모릅니다.

이렇게 탄생한 선종에는 해탈과 관련해서 문자에 의존하지 말고

곧바로 마음을 깨치라는 현묘한 방법론이 전해옵니다. 깨달음이란 궁극적으로 결단의 문제라는 점을 암시하는 듯싶기도 합니다만, 마음을 깨치는 데 문자의 사용이 안 된다면 생각의 사용은 괜찮은지, 그리고 생각이란 무엇인지도 먼저 물어야 할 듯싶습니다. 그런데 언어를 버려야 한다고 언어로 주장하는 태도에서는 아이러니가 느껴집니다.

비록 불교가 석가의 가르침이긴 하지만, 중요한 것은 석가의 깨달음이 아니라 나 자신의 깨달음이라는 입장은 이해가 됩니다. 하지만 부처를 만나면 부처를 죽이라는 '봉불살불(逢佛殺佛)'이라는 선종의 극단적인 가르침은 마땅치 않습니다. 사실, 누구든 어떤 상황을 제대로 이해했다면 당연히 먼저 말로 풀어서 설명하려고 시도할 것입니다.

우리는 가끔 말로 설명하기 힘든 감정이나 서사의 표현에 상징적인 수단이 적합하다고 느낄 때가 있습니다. 하지만 이러한 감정이나 서사가 화자의 개인적 산물이라면 전달의 결과는 표현의 수단과는 상관없이 청자의 자의적 결정으로 귀착됩니다. 그래서 상징적 수단의 사용은 앞서 심리철학자의 논평처럼 엉뚱한 해프닝으로 끝나고 오해를 낳을 가능성을 염두에 두어야 합니다.

> "만일 당시에 대중들이 다 웃었다면 정법안장은 어떻게 전했을 것이며, 설사 가섭이 웃지 않았다면 정법안장은 또 어떻게 전했을까? 만약 정법안장으로 전해 줄 것이 있다고 한다면 누런 얼굴의 석가가 세상을 속인 것이 될 것이며, 만일 전해 줄 것이 없다고 한다면 어째서 유독 가섭에게만 허락했을까?"
>
> — 무문선사

훗날 무문관이라는 화두의 모음집을 편찬한 무문선사는 '염화시중의 미소'라는 화두와 관련해서, '지혜의 눈으로 깨달은 비밀의 법'이라는 뜻을 가진 '정법안장'의 전승에 대해 위 글상자와 같이 날카롭게 비판적인 태도를 보입니다. 그런데 흥미롭게도 이렇듯 날이 선 무문선사의 비판은 오히려 선종의 비조에 얽힌 아름다운 화두의 조작성과 취약성을 스스로 인정하고 반성하는 자아비판처럼 들립니다.

화두를 이용하는 선종이라는 불교의 방식은 중국이라는 독특한 문화권이 탄생시킨 결과입니다. 그래선지 선종의 화두에서는 노자와 장자라는 도교의 향이 짙게 풍깁니다. 자체로도 흥미로운 이야깃거리인 화두는, 인과관계가 생략된 서사의 미로로, 숨은그림찾기 식의 일화입니다. 문제는 도교의 옷을 걸친 화두라는 수수께끼를 방편으로 앞세운 선종이 혹시 불교를 변질시킨 것은 아닌가 하는 우려입니다.

> "강론도 끝났는데, 거기 남아있는 노인은 무슨 일이요?"
> "저는 예전에 스님이었지만, 지금은 사람이 아닙니다. 수행을 하는 사람도 인과에 떨어지냐고 학인이 묻기에 '인과에 떨어지지 않는다(不落因果).'라고 대답했다가 여우의 몸으로 태어났습니다. 깨달음을 여는 말씀을 내려주십시오."
> "인과에 어둡지 않습니다(不昧因果)."
> 그날 백장선사가 입적한 스님을 다비한다고 통고하자, 입적한 스님이 없기에 대중은 모두 놀랐다. 그런데 뒷산에 오르자, 여우가 한 마리 죽어있었다.
>
> – 백장선사

'여우의 화두'에서는 '불락인과(不落因果)'라고 답한 승려가 여우로 환생하는 벌을 받습니다. 이에 백장선사는 '불매인과(不昧因果)'라고 답합니다. '불락인과'는 인과의 지배를 받지 않는다는 인과의 부정입니다. 한편, '불매인과'는 인과의 지배는 덮어두고 인과의 존재는 알고 있다는 답입니다. 여기서 깨달음이 인과를 극복할 수 있는가 하는 질문은 정신의 힘이 과학을 넘어설 수 있는가 하는 문제로 들립니다. 그래서 이 화두는 종교와 과학의 접점을 묻고 있는 느낌입니다.

누군가는 이 대화에서 선의 묘미를 느낀다고 말할지도 모르겠지만, 즉답을 비껴가는 언변은 참으로 교묘하다는 느낌이 듭니다. "그래서, 결국 인과의 지배를 받는가요?" 하고 되묻는다면 어떻게 될까요? 임제선사라면 '할(喝)'하고 고함을 치겠고, 덕산서사라면 '방(棒)'을 손에 들겠지만, 백장선사는 또 뭐라고 답할지 궁금합니다. 글쎄요, 깨달은 이라면 가상인과를 구별해냄으로써 인과에 매이거나 눌리지 않는다는 뜻에서 '불기인과(不羈因果)'라고 답해야 할 것도 같습니다만.

　인과의 문제는 불가에도 중요합니다. 인과가 인연을 통해 윤회와 맞물려 있기 때문인데, 문득 윤회의 길목에 출몰하는 자아의 불연속점인 치매라는 싱크홀이 신경에 거슬립니다. 혹시 과학적 소양이 있다면 무아(無我)의 영토에 윤회의 설 자리를 묻는 밀린다왕에게, 닭이 달걀이 되고 다시 달걀이 닭이 된다는, 무아윤회(無我輪廻)로 답한 나가세나가 유전자의 순환을 의미한다고 갖다 붙일지도 모르겠습니다.

　석가는 사물의 변화를 조건에서 비롯되는 상관관계로 보고 이러한 관계에 '연기(緣起)'라는 이름을 붙입니다. 특히 인간의 삶을 고해(苦海), 즉 괴로움의 바다로 본 석가는 괴로움 또한 '연기(緣起)'에서 비롯되며 '열반(涅槃)'에 의해 해소된다고 가르칩니다. 즉 연기는 문제의 시작이고, 열반은 문제의 끝입니다. 따라서 연기와 열반이라는 두 개념은 석가 사상의 핵심입니다. 석가는 괴로움으로 이어지는 연기의 고리를 끊음으로써 인간은 괴로움에서 놓여날 수 있다고 주장합니다.

　석가는 괴로움이 가치의 탐닉에서 비롯되는 중독 현상이라 보고, 삼독(三毒)이라 부르는 탐(貪)·진(嗔)·치(癡) 세 가지를 원인으로 규정합니다. 삼독은 내가 갖겠다는 탐욕과 내가 옳다는 아집 그리고 병적인 의심인 불신의 세 불길을 말합니다. 석가가 삼독을 해소하는 방법으로 제시한 열반은 "불이 꺼진 상태"라는 뜻으로, 삼독의 불길이 지혜의 바람에 의해 꺼짐으로써 괴로움에서 놓여나게 된다는 주장입니다.

　언어는 마음으로 향하는 통로입니다. 언어라는 씨앗에서 자란 생각이라는 나무로 이루어진 마음은 서사의 흐름상 통일된 개체의 필요성에 따라 가상적 자아 개념을 만들어냅니다. 마음이 위상지각이라는 것까지는 몰랐겠지만, 언어가 마음을 일구는 씨앗이라는 이해만으로도 석가는 자아라는 개념이 실체가 아니라 서사적 존재임을 간파했을 것입니다. 또한 삼독의 중독이 자아라는 허상에 의한다는 사실도 감지한 듯, '무아(無我)'라는 불교의 핵심이 되는 해결책도 제시합니다.

 석가가 주장한 연기 개념에는 두 해석이 전해옵니다. 원인과 결과의 인과관계를 뜻한다는 초기 남방 불교의 해석과 모든 상관관계를 포함한다는 후기 북방 불교의 해석입니다. 남방 불교의 인과관계는 현대의 과학적 인과관계와는 다른 개념입니다. 한편, 모든 상관관계를 포괄한다며 외연을 넓힌 북방 불교의 주장은 오히려 연기의 개념을 왜곡시킨 느낌마저 듭니다. 자칫, 까마귀 날자 배 떨어진다는 '오비이락(烏飛梨落)'마저 연기로 오인할까 걱정되지만, 임의로 수정 보완된 석가의 사상은 더 이상 종교가 아니라 철학으로 대해야 할 것입니다.
 석가가 말하는 연기라는 연결 고리는 인간의 눈에 비친 반복성을 지닌 연결이므로, 서사적 인과로 연결되는 상관관계를 뜻한다고 보아야 합니다. 진화론은 석가의 연기 개념 또한 인류가 서사의 구축에 활용해 온 가상인과의 한 줄기임을 보여줍니다. 다만 석가의 연기 개념은 이유-귀결의 가상인과에 원인-결과의 자연인과가 뒤섞인 개념적 혼란을 안고 있음을 염두에 두어야 합니다. 어쨌든 석가는 삼독이라는 그릇된 연결 고리에서 비롯되는 심적 고통을 위해 가상인과에 의한 서사에 표준을 제안합니다. 이른바 12 인연에 의한 연기법입니다.

　한편, 선종은 석가와는 다르게 언어에 오염되지 않은 마음을 통해 직접 깨달음을 얻어야 한다며 '직지인심(直指人心)'을 주장합니다. 망치를 들면 모든 게 못으로 보인다는 말도 있지만, '직지인심(直指人心)'을 앞세운 선종은 '불립문자(不立文字)'와 '언어도단(言語道斷)'이라는 기치를 내걸고는 무작정 언어를 버리라고 밀어붙입니다. 문제는 인간에게서 언어를 지운다면 마음도 따라서 사라질 수밖에는 없다는 것입니다. 마음이 사라진 인간은 결국 동물의 세계로 돌아가고 말 것입니다.

　서사를 통해 자신에게 주어진 생명의 유한성을 인지하게 된 인간에게 종교는 위안입니다. 누군가는 종교의 종착지가 자유라고 말합니다만, 진정한 자유는 포기를 통해서만 가능해 보입니다. 어쨌든 종교는 구원을 이야기하는데, 구원은 행복과 영생으로 통하는 문입니다. 특히 불교는 행복을 직접 구하는 방식이 아니라 간접적인 접근을 택합니다. 즉 불행을 막음으로써 행복에 이르고자 합니다. 그러다 보니 모든 것의 바탕이 '공(空)'이라거나 또는 서로 연결되어 있다는 주장을 펴게 되는데, 이 모두가 결국은 서사에서 비롯되는 맥락입니다.

　인간이 사건의 파악을 위해 활용하는 서사는 가상인과를 바탕으로 합니다. 그런데 올바른 가상인과는 약이 되지만, 그릇된 가상인과는 독이 됩니다. 그래서 불교는 인간의 마음이 임의로 자행하는 그릇된 가상인과의 해석을 연기의 해법으로 바로잡으라고 가르칩니다. 하지만 인간의 마음이 제멋대로 만사를 꾸며낸다며 부정적인 가상인과에만 주목하는 듯한 불교의 안력에는 한계가 엿보입니다.

문제는 가상인과에 모범 답안이란 있을 수 없다는 것입니다. 언어가 풀어내는 마음의 정체를 제대로 이해하지 못한다면, 인류의 눈부신 진화적 성취 또한 가상인과의 결과라는 사실을 놓치게 됩니다. 그리고 가상인과의 구축 원리를 모르는 채로 인간의 서사적 습성을 통제하려 든다면, 결국엔 엉뚱한 방향으로 끌려가게 되고 말 것이라는 점이 문제입니다.

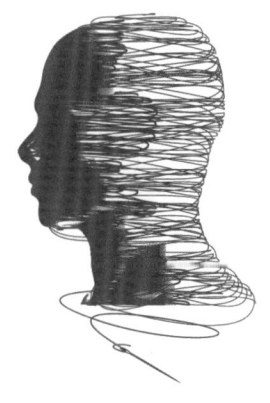

제3장

가상인과를 발명한
호모 픽투스

> 존재 = 실체 + 실재
> 본질 = 실체 × 실재
> 인식 = 지각의 별칭
> 의미 = 내포 + 외연
> 가치 = 선호의 체계
> 감정 = 가치 × 판단
> 사물 = 사건 + 물건

호모 픽투스의 탄생

　📖 어린아이 하나가 땅바닥을 기어가고 있습니다. 아이가 갑자기 방향을 바꿔서 뾰족한 나뭇가지가 있는 곳으로 향합니다. 누군가 아이를 붙잡아야 하는데, 나는 아이한테서 멀리 떨어져 있어 아이를 붙잡으러 갈 시간이 안 됩니다. 아이와 가까운 곳에 한 여자

가 있기는 한데, 그 여자는 딴 일을 하느라 아이의 위급한 상황을 모릅니다.

아이의 상황은 사나운 동물이 습격한 상황과는 다른 종류입니다만 역시 위급한 상황입니다. 내가 할 수 있는 일은 우선 아이와 가까운 여자에게 아이의 위급한 상황을 알리는 것입니다. 나는 크게 소리를 외칩니다. 사나운 동물이 습격할 때 알리는 소리와는 다른 소리입니다. 아이와 가까이 있던 여자가 나를 쳐다봅니다. 나는 아이를 가리킵니다. 그 여자는 급히 아이에게로 뛰어가서 아이를 안아 올립니다.

이 상황은 인류가 나무에서 내려와 직립 보행을 시작한 호모 에렉투스 시절 어느 집단의 거주지에서 생김 직한 일입니다. 아이의 위급한 상황을 알리기 위해 소리친 외침은 물론 완전한 언어가 아닙니다. 하지만 다행히도 후두의 진화가 일어남으로써 안정된 목소리를 낼 수 있게 된 호모 에렉투스는 서로 구별되는 다양한 발성이 가능합니다. 아마도 이러한 사건은 종종 일어났을 것이고, 이 외침은 집단 거주지에 남아있던 여자들에게는 곧 익숙한 소리가 되었을 것입니다.

모닥불을 둘러싸고 앉아있는 한 무리의 사람들이 보입니다. 머리카락이 덥수룩한 장년의 남자가 옆에 있는 아이들에게 손짓, 발짓을 해가며 뭐라고 큰 소리로 떠듭니다. 큰 소리로 떠드는 장년의 얼굴은 진지하지만, 위험에 처한 표정은 아닙니다. 아마도 오늘 사냥에서 있었던 상황을 아이들에게 들려주는 것 같습니다. 하지만 그의 이야기 또한 제대로 갖춘 온전한 언어의 형태가 아닙니다.

이야기를 듣던 한 노인이 모닥불에서 타다 남은 나뭇가지를 들고 일어납니다. 노인은 그리 멀지 않은 곳에 있는 바위 동굴로 향합니다. 동굴 속 바닥에는 숯검정이 묻은 나뭇가지들이 흩어져 있고, 뾰족한 돌들이 여기저기 굴러다닙니다. 그리고 동굴 벽에는 뿔이 달린 들소와 비슷한 모양들이 검붉은 색깔로 군데군데 그려져 있습니다.

 이 상황은 인류가 직립 보행을 시작하고도 한참이 지난 호모 사피엔스 시절 어느 집단의 거주지에서 있음 직한 일입니다. 사내들은 사냥에서 돌아오면 저녁때 모닥불 곁에 모여 앉아서 남아있던 무리에게 사냥에서 일어난 일을 들려주었을 것입니다. 그리고 누군가는 동굴의 벽에 이러한 이야기를 남겼을 것입니다. 안정적 저음의 발성과 조절에 성공한 호모 사피엔스는 제법 긴 이야기까지도 지어낼 정도의 수준이 됨으로써 호모 픽투스의 자격을 갖추게 됩니다.

 "인간은 원래 이야기를 좋아하는 동물이다."라고 움베르토 에코는 말하지만, '원래' 이야기를 좋아해서 언어가 개발된 것이 아니라 언어를 습득함으로써 이야기가 가능하게 되었다는 사실을 유념해야 합니다. 또한 누군가는 언어를 일종의 게임으로 취급합니다만, 언어는 게임 따위와는 전혀 차원이 다른 생존의 문제였음을 기억해야 합니다.

 세계를 본다는 것은 세계를 인식한다는 뜻입니다. 우리 눈앞에 펼쳐지는 자연의 세계에는 수동성의 세계와 능동성의 세계라는 두 종류의 세계가 있습니다. 수동성의 세계는 생명이 없는 무생물계를 말하고, 능동성의 세계는 생명을 가진 생물계를 뜻합니다. 인간은 세계를 보는 순간 이렇게 생물계와 무생물계를 구별하려는 시도를 먼저 하겠지만, 다른 동물들은 어쩌면 먹을 수 있는 것과 먹을 수 없는 것으로 나누는 시도를 먼저 할지도 모릅니다. 어떤 생명체가 세계를 보고 구분하는 방식은 그 생명체가 어떻게 살아왔는가 하는 생존 이력과 직접 연결되는 문제입니다. 그래서 세계를 보는 방식은 생명체마다 다를 수밖에 없습니다.

우리가 말하는 세계 속에는 눈에 보이는 세계 외에도 눈에 보이지 않는 세계도 포함되어 있습니다. 보이는 세계의 인식은 의식에 의해 가능하지만, 보이지 않는 세계의 재인은 마음에 의해 가능합니다. 의식이라는 존재는 뇌를 갖춘 모든 동물이 지닌 기능이지만, 마음이라는 존재는 언어를 추가로 갖춰야만 가능한 기능입니다.

언어 능력을 갖춘 인간종은 처음에는 눈앞에 보이는 것들에 관해 이야기했을 것입니다. 그러고는 보이는 것들을 연결함으로써 사건의 구성이 가능하게 되었을 것입니다. 그러나 눈에 보이는 장면의 연결만으로는 사건의 구성에 무언가 부족하다는 것을 느끼게 되었을 것입니다. 보이는 장면의 사이를 연결함으로써 사건의 줄거리를 완성하게 되는 이음새가 부족한 것입니다. 그들은 이러한 연결 고리로 보이지 않는 것들을 끌어다 이어 붙이게 되었을 것입니다.

이렇게 마음이라는 존재가 보이지 않는 것을 연결 고리로 사용하여 보이는 것들의 빈틈을 연결함으로써 마침내 맥락을 갖춘 서사가 탄생하게 됩니다. 언어의 사용만으로는 호모 픽투스라 부를 수 없습니다. 서사의 구축이라는 능력을 갖춤으로써 비로소 호모 픽투스가 완성됩니다.

어쩌면 보이지 않는 것들을 동원하게 되는 시작은 보이는 것들이 주는 위협에서 오는 두려움을 해소하기 위한 수단이었을지 모릅니다. 예를 들어, 어느 날 저녁 동굴 밖에서 느닷없이 번개가 번쩍입니다. 그리고 잠시 후 귀가 먹을 듯한 천둥소리가 들립니다. 다음 날 아침 동굴 옆에서 벼락에 맞아 새까맣게 탄 나무를 발견하게 됩니다. 천둥과 벼락은 초기 인류에게 엄청난 공포를 주었을 것입니다.

며칠 후 아이들이 천둥과 벼락에 관해 묻습니다. 원로들은 천둥과 벼락이 우리가 저지른 잘못에 대한 경고와 징벌이라고 설명합니다. 경고와 징벌의 대상은 그때그때의 상황과 필요에 따라 원로들이 결정했을 것입니다. 이렇게 경고와 징벌의 대상이 된 사건은 천둥이나 벼락의 앞뒤로 연결되어 집단의 통제에 활용되기 시작합니다. 여기서 사건의 앞뒤 연결 고리는 사건의 이유와 귀결을 뜻합니다.

후두의 진화로 인해 자유로워진 인간의 발성은 어휘의 증가를 불러왔을 것입니다. 그리고 늘어나는 어휘를 바탕으로 호모 픽투스의 이야기는 점점 더 길어지고 표현 또한 다양하게 되었을 것입니다. 특히 사냥에서 돌아와 남아있던 무리에게 사냥의 과정을 이야기로 들려주는 작업은 집단의 행사처럼 자리 잡게 되었을 것입니다.

사냥 과정의 전달은 반복되면서 상황의 묘사를 다듬어 주었을 것이고, 상황의 묘사가 계속될수록 점차 상황의 해석이 첨가되었을 것입니다. 상황의 해석은 맥락의 구축을 의미합니다. 상황의 해석을 통해 이야기를 꾸미는 가운데 과장과 각색이 끼어들게 되었을 것입니다. 그리고 사냥이라는 실제 상황의 사이사이에 보이지 않는 것들이 연결 고리로 삽입되면서 허구의 길이 열리게 됩니다.

초기 인류가 나눈 이야기는 사냥에 그치지 않고, 울타리 바깥에서 보고 들은 온갖 상황이 이야기의 소재가 되어 울타리 안으로 전달되었을 것입니다. 앞서도 말했듯이, 이러한 전달은 단순한 이야기의 전달이 아니라 실은 정보와 지식의 전달을 의미합니다. 그리고 전달된 정보와 지식은 이윽고 세대 간의 전승으로 이어지면서 마침내 문화라는 이름으로 집단에 정착되어 인공선택에 활용하게 됩니다.

가상인과의 발명

📖 비록 다윈이 생물학에는 목적이라는 방향성이 있을 수 없다고 선언했지만, 동물이 지닌 여러 기능을 살펴보면 목적을 지닌 것처럼 보이는 경우가 많습니다. 다시 말해 자연선택의 결과가 우리로 하여금 자연선택의 과정이 마치 설계도를 이용하는 듯한 생각이 들게 만든다는 것입니다. 그래서 우리는 자연선택에 의한 진화를 보면서, 가끔 사물이 그런 방식으로 배열된 이유를 찾고 추적하게 됩니다.

데닛은 자연선택이 정렬 알고리듬과 특별한 의도가 없는 일종의 품질관리 시험의 집합체라고 주장합니다. 여기서 정렬 알고리듬은 무작위성을 이용하는 생성 및 시험 알고리듬들로 구성되고, 품질관리 시험은 더 많은 자손을 가지는 쪽이 토너먼트에서 승리하는 식으로 이루어진다는 주장입니다.

데닛은 자연선택에 의한 진화가 '어째서'라는 '왜'에서 출발해서 '무엇-때문에'라는 '왜'에 이르는 과정이라고 자연선택에 대한 소감을 이야기합니다. 그리고 자연선택은 어떠한 이유나 목적도 없는 무생명의 세계에서 출발하지만, 한 과정에서 다른 과정이 생성되는 일들이 계속되다 보면 우리는 마침내 모든 것이 지금처럼 배열된 이유를 묻게 된다고 덧붙입니다.

데닛에 따르면 자연선택은 자동 이유 탐색기입니다. 자연선택은 마음이 없으며 그 자체로 어떤 이유도 가지고 있지 않지만, 그럼에도 설계 개선이라는 과업을 수행할 능력이 있다고 그는 말합니다. 즉 자연선택은 우리로 하여금 계속 이유를 발견하도록 만든다는 것입니다. 다윈은 세상 모든 것에는 목적이 있다는 아리스토텔레스의 교리를 타도한 사람으로 간주됩니다. 하지만 다윈은 목적론을 소멸시킨 것이 아니라 목적론을 자연화시켰을 뿐이라고 데닛은 주장합니다.

자연선택이 무생명의 세계에서 출발한다는 주장이나 이유가 인간보다 먼저라는 주장은 진화와 언어에 대한 데닛의 이해를 미심쩍게 만듭니다. 자연선택에 대해 이유를 묻는 이유는, 자연의 과정에 이유가 존재하기 때문이 아니라, 우리가 매사에 서사를 묻도록 진화한 서사적 습성 때문입니다. 우리는 주변에서 일어나는 사건을 사례라는 맥락을 갖춰 범주화된 사건으로 이해하도록 진화했습니다. 즉 우리는 사물을 서사에 의존해서 이해하도록 진화했기 때문에, 자연선택의 과정에서도 이유가 포함된 서사를 찾고 있는 것입니다.

자연의 세계 중 생물계라고 부르는 능동성의 세계는 생물학이라는 이름으로 탐구됩니다. 여기서 필연성에 기초하는 수동성의 세계가 자연인과만으로 이해가 가능한 데 반해, 필요성이 관여하는 능동성의 세계는 자연인과만으로는 제대로 설명이 되지 않을 때가 있습니다. 그래서 우리는 종종 생물학의 문제들이 과학의 테두리를 벗어난다는 느낌을 받게 됩니다.

동물은 체험한 사건을 기억합니다. 특히 일부는 순차로 일어나는 사건의 순서까지도 기억합니다. 앞서도 말했듯이, 이렇듯 순서를 기억하는 동물은 마치 어떤 선행 사건이 특정 후행 사건으로 이어지는 패턴을 인지하고 있는 것으로 보입니다. 즉 동물이 특정 후행 사건을 원하기 때문에 이에 대응하는 선행 사건을 일으킨다는 해석이 성립하게 됩니다. 바로 목적과 이유의 등장입니다.

철학자 라일은 행위의 이유에 관한 논의는 행위의 원인을 발견하는 방식이 아니라 행위의 특정한 패턴을 발견하는 방식이라고 주장합니다. 라일의 주장은 이유라는 개념이 사건의 순서에 대한 기억에 근거하는 행위의 패턴에서 비롯되는 개념이라는 뜻으로 들립니다. 이때 사건 순서의 기억은 의식에 의해 이루어집니다.

의식을 지닌 동물이 사건의 순서를 기억하는 데 반해, 인간은 단순히 사건의 순서만을 기억하는 것이 아니라 사건을 재구성하기도 합니다. 사건의 재구성은 체험한 사건의 순서를 바꾸는 행위입니다. 사건의 순서를 바꾼다는 것은 사건의 진행 과정을 바꾼다는 말입니다. 그런데 진행된 사건의 순서를 바꾼다면 기억에 혼란이 올 수 있습니다. 따라서 혼란을 막는 방법이 또한 마련되어야 합니다.

의식에 의한 순서의 기억은 단편적 상황극에 그칩니다. 만일 사건의 진행 순서를 바꾸는 사건의 재구성을 원한다면 단편적 상황극인 '순간의 말뚝'에서 놓여나야만 가능합니다. 이때 사건의 재구성은 '순간의 말뚝'에서 놓여나는 것만으로는 부족하고 혼란을 피하기 위한 기준이 필요한데, 인간은 서사적 맥락을 기준으로 활용합니다.

인간은 마주치는 사건과 관련된 상황을 기억 속에서 끄집어내어 대조하고 순서를 정해 연결합니다. 특히 연결된 사건이 반복적으로 순서쌍을 이루는 경우, 이들을 이유와 귀결의 형식으로 묶음으로써 가상인과라는 고리를 만들게 됩니다. 이유-귀결의 형태로 연결되는 가상인과는 맥락으로서 기억되고, 서사의 골격을 이루게 됩니다. 이 맥락이 순서의 재구성에서 길잡이 노릇을 하게 되는 것입니다.

순서의 재구성을 위해서는 방금 겪은 단기적인 상황의 기억뿐만 아니라 오래된 사건의 장기적인 기억도 필요합니다. 또한 이와 함께 기억들 사이의 혼란을 피할 수 있는 기준도 있어야 합니다. 앞서 말했듯이 이러한 기준으로는 맥락을 갖춘 서사가 활용되는데, 서사의 구축이라는 작업은 동물이 지닌 의식만으로는 불가능합니다.

　인간은 진화 과정에서 언어라는 기능을 갖춤으로써 '순간의 말뚝'인 지금·여기에서 놓여나게 만드는 장기 기억이 가능해집니다. 특히 연속성을 지닌 장기 기억은 서사의 흐름상 통일된 개체의 필요성에 따라 가상적 자아 개념을 만들어냅니다. 이로써 '나'라는 1인칭의 인식이 가능하게 되는데 바로 '마음'이라는 존재의 탄생입니다.

　「여는 글」에서도 이야기한 바 있습니다만, 동물이 지닌 의식은 생명체를 환경에 적응시키는 적응력의 원천인 적분지각입니다. 한편, 인간의 마음은 언어로 줄거리를 갖춘 이야기를 지어내고 가공하는 가공력의 원천인 위상지각입니다. 그런데 마음은 여기서 한 걸음 더 나아가 서사로 이루어진 가상현실을 우리 머릿속에 구축하게 됩니다.

　이야기의 사슬인 서사의 핵심을 이루는 이유-귀결의 관계는 인과관계입니다. 그런데 이러한 인과관계는 자연에 나타나는 자연인과가 아니라 창발성에 대해 인간이 해석한 가상인과라는 사실을 기억해야 합니다. 마음을 이용하여 서사의 구축에 성공한 인간은 서사 속의 이유-귀결이라는 가상인과의 고리를 온갖 사물에 적용하기 시작합니다. 이로써 가상인과를 발명한 인간의 '왜의 게임'이 시작됩니다.

이유의 둔갑과 종교의 시대

> "아빠, 밖에 나가 놀아도 돼?" "안 돼!"
> "왜?" "지금 5시잖아, 너무 일러!"
> "왜?" "아직 해가 안 떴으니까!"
> "왜?" "해는 좀 더 나중에 뜨니까!"
> "왜?" "지구가 더 자전하면 해가 지평선에서 뜰 거야!"
> "왜?" "아빠도 몰라!"
> "왜?" "학교에서 제대로 공부 안 해서!"
>
> – 'End of Why'에서

왜 아침이면 해가 뜨는가? 왜 저녁이면 해가 지는가? 해는 어디로 가는가? 이렇듯 초기 인류는 주위에 보이는 사물에 대해 이유를 묻기 시작했을 것입니다. '왜의 게임'은 이유의 이유를 묻는 방식입니다. 앞서 인류가 가상인과를 구축함으로써 '왜의 게임'을 시작했다고 이야기했습니다만, 사실 이러한 '왜의 게임'은 위 글상자에서 보듯이 아이의 물음에서 시작되었는지도 모릅니다.

초기 인류가 어느 날 동굴 밖에 핀 꽃을 보게 됩니다. 눈이 쌓인 겨울에는 꽃이 없었습니다. 날씨가 따뜻해지면서 꽃이 핍니다. 왜 따뜻해지면 꽃이 피는가? 꽃이 피었다가 지고 또 얼마가 지나면 눈이 옵니다. 왜 다시 눈이 오는가? 그렇게 한참을 춥다가 따뜻해지면 다시 꽃이 핍니다. 아무래도 꽃의 요정이 떠나면 추운 겨울이 되고, 요정이 다시 돌아와서는 따뜻한 날씨와 꽃을 만드는 것 같습니다.

눈에 보이는 사물의 변화에 대해 궁금해하던 인류는 사물의 변화에 이유를 묶어서는 가상인과라는 고리를 만들어내게 됩니다. 그러고는 가상인과라는 고리를 엮어서 가상인과의 사슬인 서사를 만들어냅니다. 서사로 이어지는 가상인과의 발명은 인류가 언어를 사용할 수 있었기 때문에 가능한 사건입니다.

이유의 이유를 묻는 '왜의 게임'은, 소급되는 되물음을 통해, 이윽고 인류로 하여금 사물의 '궁극적 이유'에 도달하게 만듭니다. 이어서 '궁극적 이유'에 인격을 부여하는 서사적 의인화가 일어납니다. 문제는 여기에 초월적 신격이 더해짐으로써, 마침내 이유가 신으로 둔갑하는 사건이 일어나게 된다는 것입니다. 신격을 갖춘 서사적 의인화는 인간으로 하여금 자연에 존재하는 모든 사물의 변화를 '신'이라는 주재자가 개입하는 인과관계로 이해하게끔 만듭니다.

이로써 범신론이 완성되는데, 오랜 서사 중 일부는 미신이라는 형태로 살아남아 일상으로 끼어들기도 합니다. 이제 초기 인류의 작은 집단에 존재하던 서로 다른 범신론은 집단의 통합과 함께 한 줄기로 엮이면서 통일된 신화로 거듭나게 됩니다. '신화의 시대'라는 프리-기축의 시대가 열린 것입니다. 필요성에서 비롯된 가상인과는 이후 논리성이 접목되면서 인문적 필연성이라는 개념으로 발전하게 됩니다.

인문적 필연성은 신화에 나오는 신에 정당성을 부여하게 됩니다. 이렇듯 정당성이 부여되어 사실로 굳어진 신의 개념은 집단의 통치 이념으로 활용되면서 창조주라는 유일신 사상으로 거듭나게 됩니다. 신화가 종교로 탈바꿈한 것입니다. 여러 집단이 통합되었다고 해서 세상의 모든 집단이 통일된 것은 아닙니다. 제법 큰 규모를 갖춘 집단들이 지정학적 특성으로 인해 여기저기 산재했을 것입니다.

흩어져 존재하는 제법 큰 규모의 집단들은 저마다 다른 유일신을 섬겼을 것이고, 이에 따라 서로 다른 종교를 갖고 있었을 것입니다. 그리고 시간이 흐르면서 집단 간에는 종교에 종족이 덧칠된 상태로 문화 생태적 교류가 일어나게 되었을 것입니다. 문제는 교류를 통해 서로 다른 신의 존재를 알게 되면서, 과연 어떤 신이 더 강력한 힘을 지니고 있는가 하는 집단 간의 힘겨루기가 시작된다는 것입니다.

시간이 흘러 강력한 통치자에 의해 여러 집단이 통일되면서, 마침내 국가라는 새로운 체제가 탄생하게 됩니다. 이제 유일신 사상은 국가의 통치 이념으로 활용됨으로써 통일 체제의 강화에 힘을 보태게 됩니다. 또한 국가의 완성은 유일신 사상을 공식적인 국교로 선포하게끔 만듭니다. 그리고 정식으로 국가의 통치 이념으로 자리를 잡은 종교는 이윽고 일상을 통제하는 역할까지 맡기에 이릅니다.

여러 집단을 통일하여 국가를 탄생시킨 통치자는 드디어 제왕으로 군림하게 됩니다. 제왕은 종교의 창시자나 계승자가 되어 절대 권력으로서 국가를 지배하게 됩니다. 심지어는 제왕 자신이 신이라고 선언하거나 또는 신의 자손이라고 선포하기도 합니다. 이렇게 탄생한 국가들은 절대적인 종교를 통치 이념으로 사용했기 때문에 종교 국가라는 이름이 걸맞습니다. 이른바 종교의 시대가 열린 것입니다.

서사 전이가 빚는 공멸의 길

📖 이야기꾼을 일컬어 정치 체제를 감정에 도취시키는 직업적 거짓말쟁이라고 비난한 플라톤은 인류가 겪은 끔찍한 문제들의 근원에 이야기꾼이 우리에게 씌운 환각이 도사리고 있다고 그의 저서에서 주장합니다. 그러나 그는 또한 그의 스승이 했던 말도 기억하고 있었을 것입니다. "도시의 권좌에 누가 앉아 있더라도, 세상을 진정으로 다스리는 것은 이야기꾼이라네."

영문학자 조나선 갓셜은 스토리텔링을 '구슬림의 마법'이라고 표현하면서 구슬림이 공감이나 이해 혹은 평화를 증진하는 데 도움이 된다면 근사한 일이라고 이야기합니다. 하지만 구슬림의 마법은 또한 분열이나 불신과 증오의 씨를 뿌리는 데에도 효과적이라고 말합니다. 갓셜은 이야기가 이렇게 강력한 힘을 발휘하는 것은, 콘텐츠의 이야기가 어느덧 자신의 이야기가 되는, '서사 이동(narrative transportation)', 즉 정신적 순간이동 때문이라고 『호모 픽투스의 모험』이라는 책에서 주장하는데, 서사 이동은 서사 전이를 뜻합니다.

갓셜은 '이야기'가 본질적으로 정보를 구조화하는 매혹적인 방법이라면서 감정이 이야기의 전부라고 말합니다. 그는 이야기가 인류의 오래된 저주이자 축복이고 질병이자 치료제라고 주장합니다. 또한 이야기가 인류를 으뜸가는 종으로 우뚝 세웠고, 연약하고 보잘 것없는 인류가 지구를 지배한 것은 서사 능력 때문이라고 주장합니다. 그러나 스토리텔링이라는 '이야기하기'만으로는 인간종의 성공 사례에 대해 충분한 설명이 되지 못합니다. 여기에는 반드시 서사 내부에 깔린 가상인과라는 맥락적 구조에 대한 이해가 뒤따라야 합니다.

　일부 미디어 연구자들은 미디어를 현실로 혼동하는 현상을 '미디어 방정식'이라 표현합니다. 또한 이 현상은 인간의 두뇌가 사람과 사물의 실감 나는 시뮬레이션으로 가득한 그럴싸한 이미지 환경에 대처하도록 진화하지 않았기 때문이라고 주장합니다. 그런데 이러한 주장은 인간이 가상인과로 이루어지는 가상현실을 마음속에 구축한다는 사실을 제대로 이해하지 못한 것 같아 미흡하다는 인상이 듭니다.

　미디어는 '미디어 방정식'처럼 현실의 삶으로 직접 투사되지 않습니다. '미디어 방정식'이 구현되는 실제 과정은 서사 전이를 통해서입니다. 미디어의 상황이 아무리 그럴싸하다고 해도, 우리의 마음이 미디어의 상황을 가상현실 속으로 끌어들여 서사 전이가 일어나지 않는 한, 그저 단순한 기억으로 남을 뿐 큰 영향이 없습니다. 그러나 미디어의 상황이 가상현실 속으로 들어오게 되면 문제가 달라집니다. 그때는 '미디어 방정식'처럼 투사 현상이 일어나기 때문입니다.

　이러한 미디어의 투사 문제는 갓설의 표현대로 스토리텔링의 빅뱅으로 인해 엄청난 속도로 증폭되고 있어 심각한 상황을 연출합니다. 이러한 상황은 엔터테인먼트라는 기치 아래 출현한 다양한 대중매체에 힘입은 바가 큽니다. 스토리텔링의 빅뱅은 서사의 남용을 부추기고, 서사의 범람을 초래하기 때문에 문제가 자못 심각합니다.

　스토리텔링의 빅뱅과 관련해서 가장 큰 우려는, 앞서도 이야기했듯이, 서사의 남용에 편승한 서사 전이가 이윽고 서사 중독이라는 병증을 유발하게 된다는 사실입니다. 모든 중독이 그렇듯이, 서사 중독은 우리로 하여금 더욱 강한 자극을 찾도록 유혹할 것입니다. 이로써 우리의 일상은 현실로부터 유리될 것이고, 마침내 우리 사회는 심각한 서사적 혼란의 소용돌이와 무질서 속으로 빠져들게 될 것입니다.

그런데 이런 종류의 서사적 혼란은 개인적 혼란으로 아직은 국가의 통제 아래 놓여있다고 볼 수 있습니다. 이보다 진짜 심각한 문제는 국가 간의 서사 경쟁입니다. 오늘날 우리는 인문적 필연성에 근거하는 종교의 시대를 벗어나 과학적 필연성에 기초하는 과학의 시대에 들어와 있다고 생각하겠지만, 인간이 지닌 서사적 습성은 아직도 종교의 시대의 탈을 쉽게 벗지 못하도록 만들고 있어서 문제입니다.

세계를 둘러보면, 민주주의와 공산주의 사이의 사상적 대립이 끝나면서 기독교와 이슬람 사이의 종교적 대립의 시대로 넘어와 있음을 발견하게 됩니다. 앞서 유일신의 사상이 통치 이념으로 활용된 종교의 시대에 관한 경고에서 말했듯이, 개인적인 깨달음을 통해 탄생한 다수의 유일신과 다양한 종교는 그 자체로는 별로 문제가 되지 않습니다. 하지만 유일신 사상에 근거한 통치 이념들 사이의 상호 충돌은 결국 공멸의 길로 인도한다는 사실을 잊지 말아야 합니다.

서사를 통해 자기 생명의 유한성을 인지하게 된 인류는 죽음에 대해 두려움을 품고 있습니다. 개인의 경우 종교적 서사는 이러한 두려움을 극복하도록 도와줍니다. 그러나 집단의 경우 종교적 서사는 정체성의 문제로 이어진 후 곧장 이질성의 문제로 확장됩니다. 과거에 이질적인 집단들이 통합되어 국가가 형성되면서 문제가 되었던 것은 어느 집단의 신이 더 우월한가 하는 신들의 힘겨루기였습니다. 이 문제는 오늘날에도 여전히 유효한 쟁점이 됩니다. 자신들의 종교적 서사만이 참이라고 생각하는 한, 타협의 여지는 없습니다.

  종교적 서사는 믿음을 체험으로 예화시킵니다. 문제는 믿음이라는 개념이 지식의 연장선에 있는데, 연장선에는 근거가 있을 수 없다는 것입니다. 점차 종교적 서사 전이가 공개적으로 확산하면서 종교적 서사 중독마저도 우려되는 상황입니다. 믿음은 종교적 서사의 뿌리입니다. 이제는 지식의 연장선이 여러 방향으로 가능하므로 여러 갈래의 믿음 또한 가능하다는 사실을 인정해야 합니다. 종교적 서사에 대한 반성이 없다면, 인류의 앞에는 공멸의 길이 놓여 있을 뿐입니다.

부록 3-1: 써얼의 중국어방에 관한 서사

생각의 골격을 이루는 가상인과는 철학의 근원입니다. 이제 가상인과의 연장선에서 철학적 서사에 관해 살펴보겠습니다. 예전에 생각하는 기계를 의미의 이해라는 입장에서 판단해 보자는 흥미로운 제안이 있었습니다. 튜링이 제안한 튜링-테스트와 철학자 써얼이 제안한 중국어방-논변입니다. 튜링-테스트는 생각하는 기계가 가능하다는 긍정적 입장에서 제안된 모형인데 반해, 써얼의 중국어방-논변은 생각하는 기계가 가능하지 않다는 부정적 입장에서 제안된 모형입니다.

써얼은 의미의 이해라는 문제의 시험을 위해 '중국어방'이라는 모형을 만들고는 외국어의 번역 과정을 삽입시킵니다. '중국어방'은 외부로부터 정보가 입력되면 정보를 처리한 후 대응하는 표지를 뽑아서 출력하는 구조입니다. 이때 '중국어방'에는 중국어를 모르는 외국인 작업자가 외국어로 적힌 지침서에 따라 중국어 입력을 처리한 후 대응하는 중국어 출력을 뽑아 내보내는 작업을 하게 됩니다.

한편, 튜링-테스트에서는 휘장 뒤에 숨겨진 존재와 대화가 이루어집니다. 이때 휘장 뒤에 숨겨진 대화 상대가 '중국인'인지 아니면 '중국어방'인지 판별이 안 된다면 상대를 모두 '중국인'으로 보아야 한다는 주장입니다. 반면에 써얼의 주장은 비록 튜링-테스트로는 '중국인'과 '중국어방'을 구별할 수 없다고 할지라도, 그 둘은 전혀 다른 존재로 '중국어방'은 중국어를 이해한다고 볼 수 없다는 것입니다.

써얼은 '중국어방'이 단순히 통사론에 기초해서 기호들을 조작할 뿐 의미론에 의한 입력-출력이라는 변환을 수행하는 것이 아니라고 말합니다. 이때 통사적 기호들은 의미를 낳지 않으며, 의미가 없이는 심성이 가능하지 않다는 것이 써얼의 주장입니다. 써얼은 이어서 마음은 의미론적 엔진이지만, 컴퓨터는 단지 통사론적 엔진일 뿐이라고 주장합니다.

그런데 철학자 김재권이 분자와 세포들로부터 어떻게 의미가 발생하는지 써얼에게 묻습니다. 써얼이 의미론적 엔진이라고 주장하는 마음의 구조적 근원은 분자와 세포들입니다. 김재권의 질문은 이들도 결국은 컴퓨터와 같은 종류의 기계적 연산 구조일 뿐이라는 본질에 대한 예리한 지적입니다. 그의 주장은 컴퓨터가 통시론적 엔진이라면 마음 또한 의미론적 엔진이 아니라 통사론적 엔진이라는 것입니다.

사실, 김재권은 인간의 두뇌야말로 '중국어방'이 아니겠는가 하고 묻고 있는 셈입니다. 즉 써얼의 '중국어방'에 외국인이 아니라 중국인이 들어가 있는 '모국어방'이라 하더라도, 본질적으로는 동일한 존재가 아닌가 하는 물음입니다. 여기서 써얼의 추론에도 문제가 있지만, 김재권은 인간의 마음이 언어라는 획득형질을 사용하는 구조임을 간과하고 있습니다. 컴퓨터는 외연 방식으로 언어를 수용하지만, 인간의 마음은 내포 방식으로 언어를 이해한다는 차이를 알아야 합니다.

인간의 인지 과정 중 의미가 생성되는 개념작용은 감각의 결과인 지각표상에 이름을 붙임으로써 완성됩니다. 이러한 과정을 1장에서 설명한 메타경첩 원리로 표현하면, 입력에 지각표상이 대입되고 출력에 지칭 즉 이름이 대입되어 3.1 도식이 됩니다. 이때 지각표상과 이름인 지칭의 사이에서 메타경첩으로 사용되는 것은 관념입니다. 여기서 출력인 이름과 메타경첩인 관념의 결합이 내포적 의미입니다.

3.1 ⟨개념작용⟩ = ⟨지각표상│지칭⟩
    = ⟨지각표상│관념⟩⟨관념│지칭⟩
    = ⟨내포⟩⟨의미⟩

 기계가 생각한다는 표현에서 문제가 되는 부분은 교신 과정에서 과연 기계가 교신 내용의 의미를 이해한다고 볼 것인가 하는 점입니다. 의미라는 단어는 비단 언어철학에서뿐만 아니라 일상생활에서도 매우 중요한 역할을 하는 단어입니다. 그래서 언뜻 '의미'라는 단어는 누구나 그 의미를 이해하고 있다고 생각하지만, 사실은 아무도 선뜻 설명을 내놓을 수 없는 단어 중의 하나입니다.
 지칭에 관념이 결합한 '의미'를 일단 '표지'로 정의하겠습니다. 즉 '의미'라는 존재는 인간이 인지적 분별을 위해 사용하는 추상적 꼬리표라는 말입니다. 일찍이 아리스토텔레스가 주장한 '판타스마'나 칸트가 주장한 '슈마'를 이러한 표지의 예로 볼 수 있겠습니다. 의미라는 표지는 인간의 인지 과정에서 매개체 역할을 하는 '메타경첩'을 뜻합니다. 이때 인간의 인지 과정에서 매개체로 사용되는 표지는 결국 관념이라는 심상의 다른 이름임을 알 수 있습니다.
 그렇다면 의미의 이해는 인지 과정에서 적합한 추상적 꼬리표를 붙임으로써 분별을 완성하는 행위로 볼 수 있습니다. 단어의 의미를 이해하는 것은 언어 공동체 안에서 그 단어의 사용 규칙을 배우는 것이라는 비트겐슈타인의 주장처럼, 단어에 적합한 꼬리표를 붙이는 행위는 같은 공동체의 타인을 통해 익히게 됩니다. 하지만 여기서 동일한 형식의 용법이 동일한 내용의 의미를 보장하는 것은 아닙니다.

또한 "개념을 소유한다는 것은 단어의 사용에 숙달하는 것이다."라는 철학자 셀라스의 주장에서 보듯이, 언어의 사용은 결국 숙달의 과정입니다. 따라서 이해하게 됨으로써 표지를 붙이는 것이 아니라, 표지를 붙임으로써 이해하게 된다는 역명제가 성립합니다. 다시 말해 언어의 사용이란 다름 아닌 사례의 학습 과정인 것입니다.

 방금 살펴보았듯이, 써얼의 '중국어방'에서 일어나고 있는 일은 표지의 부착과 동등한 작업으로 볼 수 있습니다. 이러한 연관성의 이해를 돕기 위해, 써얼이 설정한 외국인이 작업하는 '중국어방'을 앞서 잠깐 소개한 중국인이 작업하는 '모국어방'과 비교해 보겠습니다. '중국어방'은 외국인이 중국어 입력을 번역하는 구조지만, '모국어방'은 중국인이 중국어 입력에 응대하는 구조입니다.

 '중국어방'의 외국인 작업자는 중국어로 된 입력 카드를 받아서 훑어보고는 지침서와 대조한 후 대응하는 중국어 출력 카드를 뽑아서 외부로 내보냅니다. 한편, '모국어방'의 중국인 작업자는 중국어로 된 입력 카드를 받아서 훑어보고는 즉각 대응하는 중국어 출력 카드를 뽑아서 외부로 내보낼 것입니다. '중국어방'의 작업이 '받아서–훑어보고–대조하고–뽑아서–내보내는' 작업의 연속이라면, '모국어방'의 작업은 '받아서–훑어보고–뽑아서–내보내는' 작업의 연속입니다.

 '모국어방' 작업자에게는 '대조하는' 과정이 생략되어 있습니다. 하지만 '중국어방'의 외국인 작업자에게는 번역 지침서를 하나하나 대조하는 작업이 결코 임의로 생략할 수 있는 과정이 아닙니다. 그래서 '중국어방'의 작업은 '모국어방'의 작업과는 얼핏 다른 과정으로 보입니다. 그런데 잠깐 두 방의 과정은 정말로 서로 다른 과정일까요?

여기서 '모국어방'의 중국인이 만일 유아의 경우라면, 김재권의 주장을 뒷받침하는 모형이 됨을 알 수 있습니다. 왜냐하면, 유아가 모국어를 처음 배우는 단계에서는 ― 철학자 콰인이 주장하는 자극의미의 형태로 ― 모국어 입력에 표지를 붙이고 대조하는 작업이 수행되기 때문입니다. 즉 '모국어방'의 중국인이 유아라면, '모국어방' 또한 써얼의 '중국어방'과 같은 방식으로 작동한다는 말입니다.

언어의 의미를 이해한다는 것은 언어에 붙여진 표지에 익숙해진다는 뜻으로 반복 실행을 통한 사례의 학습입니다. 사례의 학습은 곧 가상인과의 각인 작업입니다. 사실, '모국어방'과 '중국어방'에서는 사례의 학습이라는 동일한 과정이 실행되고 있는 것입니다. 다시 말해 '모국어방'이나 '중국어방'이나 모두 반복적인 사례의 학습을 통해 입출력 변환에 숙달되는 과정이 공통으로 내재해 있다는 말입니다.

중국어방-논변에서 입출력 반응에 상당한 시간이 소요되는 초기에는 '중국어방'이 의미를 이해하지 못한다고 주장해도 이의를 제기하기 어려울 것입니다. 그러나 시간이 흐름에 따라 '중국어방'의 외국인 작업자가 입출력 작업에 점차 익숙해지면서 마침내 즉각적인 반응이 가능해지는 후기에는 '중국어방'이 의미를 이해하고 있다고 주장해도 토를 달기 어려울 것입니다.

써얼의 추론에는 언어의 사용이 학습의 결과라는 사실이 간과되어 있습니다. 이렇듯 중국인이 작업하는 '모국어방'과 외국인이 작업하는 후기 '중국어방'을 구별할 방법이 없다면, 마찬가지 이유로 '중국인'과 후기 '중국어방' 역시 구별할 방법이 없다고 보아야 합니다. 이제 휘장 뒤에 숨겨진 '중국인'과 '중국어방'을 판별할 방법이 없다면, 튜링이 주장하듯 두 상대를 동등한 존재로 보아야 합니다.
'중국어방'이 단순히 통사론에 기초해서 기호들을 조작할 뿐이라는 써얼의 주장은 초기 '중국어방'에만 해당합니다. 후기 '중국어방'의 경우는 작업자가 이미 학습이 끝난 상태여서 '모국어방'과 구별이 안 됩니다. 그렇다면 후기 '중국어방'이 의미론에 의한 입출력 변환을 수행하지 않는다고 판단할 근거가 없으므로, '중국어방'이 단순히 통사론에 기초한다는 써얼의 주장은 정당성을 잃게 됩니다. 그리고 서로 다른 구조로 이루어져 있어서 학습 과정이 전혀 다른 '중국어방'과 컴퓨터를 동등하다고 간주하는 것은 논리의 비약입니다.

부록 3-2: 러셀의 이발사에 관한 서사

철학사에는 러셀이 지적한 자기 언급에 의한 자기모순이라는 철학적 서사가 있는데, 에피메니데스에 의한 주장의 현대판입니다. 기원전 크레타섬 사람인 에피메니데스는 모든 크레타섬 사람은 거짓말쟁이여서 그들의 말은 모두 거짓말이라고 말합니다. 이 말이 참말이라면, 모든 크레타섬 사람의 말은 거짓말입니다. 그런데 에피메니데스도 크레타섬 사람이기 때문에 그가 한 말 또한 거짓말이 됩니다. 따라서 이 말 자체가 거짓말이 되어 문제가 생깁니다.

만일 이 말이 거짓말이라면 모든 크레타섬 사람은 거짓말쟁이가 아닙니다. 그래서 그들의 말은 모두 거짓말이 아닙니다. 그리고 에피메니데스도 크레타섬 사람이기 때문에 그가 한 말은 거짓말이 아닙니다. 따라서 이 말 자체는 참말이 됩니다. 즉 이 말이 참이라면 이 말은 거짓이 되고, 이 말이 거짓이라면 이 말은 참이 됩니다.

수리논리학자 프레게가 논리학에 관한 자신의 책의 인쇄를 끝내고 서점에 배포하려는 순간 러셀로부터 책의 내용과 관련해서 집합 이론에 모순이 존재한다는 경악스러운 편지를 받은 사건은 유명합니다. 그런데 러셀이 편지에서 지적한 집합 이론의 모순이 바로 앞서 이야기한 에피메니데스의 진술과 같은 형식으로 이루어집니다.

러셀이 지적한 집합의 모순은 '이발사 패러독스'라고 알려진 서사입니다. '이발사 패러독스'는 "나는 스스로 이발하지 않는 모든 사람만을 이발합니다."라는 광고문이 붙은 이발수의 이발사는 과연 누가 이발을 해주는가 하는 문제입니다. 만일 자신이 이발한다면 이발사는 스스로 이발하는 사람들의 집합에 속합니다. 그러나 그의 광고에 의하면 그런 부류의 사람을 이발해서는 안 되기 때문에 그는 자신을 이발하면 안 됩니다.

그래서 다른 사람이 만약 이발사를 이발해 준다면 이번엔 스스로 이발을 하지 않는 사람의 집합에 속하게 됩니다. 그러나 그의 광고에 의하면 이발사는 그러한 모든 사람을 이발한다고 되어있기 때문에 다른 사람이 그를 이발할 수 없고, 반드시 자신이 스스로 이발을 해야 합니다. 자신이 이발해도 자신의 광고에 어긋나고, 자신이 이발하지 않아도 자신의 광고에 어긋나게 되어 이른바 패러독스가 됩니다.

"A is not B."

① A (is not) B. ➡ { A ≠ B }
② A is (not B). ➡ { A = ~B }

한편, 존재의 문제와 관련해서 파르메니데스와 데모크리토스의 재미난 이야기도 전해집니다. 파르메니데스는 "존재하는 것은 존재하고 존재하지 않는 것은 존재하지 않는다."라고 '존재'에 관해 지극히 당연한 선언을 합니다. 그런데 그 이후 데모크리토스가 "존재하지 않는 것 또한 존재하는 것 못지않게 존재한다."라고 '부재'에 대해 실로 엉뚱한 주장을 편 것입니다.

그리하여 서양철학에서는 '존재하지 않는 것'이 '존재하는 것' 못지않게 버젓이 존재하게 되는 황당한 일이 벌어지게 됩니다. '있음의 없음'은 인식의 문제인 반면, '없음의 있음'은 존재의 문제입니다. 그런데 데모크리토스로 인해 '존재의 부재'라는 인식의 문제가 '부재의 존재'라는 존재의 문제로 탈바꿈하는 논리의 비약이 일어나게 된 것입니다. '존재의 부재'와 '부재의 존재'는 각각 '열림'과 '닫힘'의 문제라서 서로 논리적 궤를 달리합니다.

'존재의 부재'와 '부재의 존재'라는 문제는 후대에 '임의 아님'과 '아님의 임'이라는 논리학의 골칫거리로 부활하게 됩니다. '임의 아님'과 '아님의 임'은, 위 글상자에서 보듯이, 명제적으로는 같은 표현에 뿌리를 두고 있습니다. 하지만 논리적으로는 등호와 부등호라는 서로 다른 형식으로 나타납니다. '임의 아님'은 바로 '존재의 부재'와 같은 형식인 '열린 논리'로 이루어집니다. 하지만 '아님의 임'은 '부재의 존재'와 같은 형식인 '닫힌 논리'로 이루어집니다.

러셀 이발관의 고객

$$\{A \mid a \notin A\} \rightarrow \{A \mid a \in \sim A\}$$

에피메니데스의 주장과 관련해서는 전체 부정과 부분 부정에 대한 추가 담론이 필요하겠지만, 어쨌든 문제는 흔히 알고 있듯이 재귀라는 자기 언급 요소만으로는 패러독스가 성립하지 않는다는 것입니다. 패러독스가 되기 위해서는 '재귀'라는 요소 외에도 '아님'이라는 '부정' 요소가 개입해야 합니다. 에피메니데스의 주장에서는 '거짓말', 즉 '참말이 아닌 말'이 부정 요소이고, 러셀의 주장에서는 '이발하지 않는 사람'이 부정 요수입니다. 그런데 재귀에 부정이 겹친 부정재귀(否定再歸)는 결국 자기 부정이 되어 동일률을 부정하는 형식이 됩니다.

동일률의 부정은 논리 자체를 부정하는 행위로 부정재귀는 출발부터 모순의 형식입니다. 그래서 부정재귀는 아이러니의 산실입니다. 일례로 자살이라는 문제를 살펴보겠습니다. 살인이라는 행위는 '누군가'의 생명을 부정하는 행위입니다. 그런데 이 '누군가'에 '자기 자신'을 대입하면 역설이 발생합니다. 자신이 살인 행위의 피해자가 될 뿐만 아니라 동시에 가해자도 되기 때문입니다. 자살은 결국 부정재귀의 문제입니다. 이렇게 본다면, 자살 미수는 살인 미수가 되므로 — 병원에서 보호를 받아야 하는 게 아니라 — 향후 감옥에서 처벌을 받아야 하는 문제로 봐야 하진 않을까요?

이제 러셀의 '이발사 패러독스'의 고객을 살펴보면, 위 글상자에서 보듯이, '아님의 임'이라는 열림/닫힘의 논리가 적용되고 있음을 알 수 있습니다. 그리고 이러한 논리를 적용한 결과는 러셀의 '이발사 패러독스'의 근원 역시 부정재귀라는 사실입니다. 부정재귀는 결국 자기를 부정함으로써 동일률을 부정하는 모순의 논리입니다. 인간이 만들어낸 '부재의 존재'라는 열린 논리에 근거하는 부정재귀의 모순 문제를 A.I.라면 어떻게 풀이할지 궁금해지는 대목입니다.

제4장

자연인과를 발견한
호모 사피엔스

관념 = 언어적 심상
개념 = 관념 × 언어
사고 = 개념의 연결
논리 = 사고의 체계
사실 = 현상의 별칭
진실 = 사실 × 신념
진리 = 진실의 체계

시간의 정량화와 자연인과의 발견

"우리가 시간을 얘기할 적에는 물론 알아듣고, 딴 사람이 얘기하는 도중에 그 말을 들을 적에도 우리는 알아듣습니다. 그렇다면 시간이 무엇입니까? 만약 아무도 나한테 묻지 않으면 나는 압니다. 그런데 만일 묻는 사람한테 설명하려고 들면 나는 모릅니다."

— 아우구스티누스

📖 위 글상자의 아우구스티누스가 한 말처럼 우리는 시간이 무엇인지 알고 있습니다. 그러나 막상 누군가 묻는다면 설명할 수가 없습니다. 아마 우리의 조상들은 변화에 대해서도 마찬가지로 느꼈을 것입니다. 변화가 무엇인지 알고는 있었지만, 그것이 무엇인지 구체적으로는 말할 수가 없었을 것입니다. 그러다가 규칙적인 반복이 변화를 이해하는 데 쓸모 있는 수단이라는 것을 알게 되었을 것입니다.

초기 인류는 빠르다는 의미를 정확히는 몰랐겠지만, 사슴이 거북이보다 빨리 눈앞에서 사라진다는 건 알고 있었을 것입니다. 그리고 흰 눈이 다시 내리는 걸 보려면 서쪽으로 저문 해가 다시 뜨는 걸 보는 것보다 더 오래 기다려야 한다는 것도 알고 있었을 것입니다. 우리 조상은 비록 시간이라는 존재를 꼭 집어서 말할 수는 없었겠지만, 하루하루 경험을 통해 변화라는 것이 느낌으로 다가왔을 것입니다.

서서히 뜨거워지는 물속의 개구리에서 보듯이 작은 감각적 변화는 인식으로 이어지지 않습니다. 모든 동물이 매일 뭔가 달라짐을 어렴풋이 느끼겠지만, 일상은 그저 반복으로 다가올 뿐입니다. 초기 인류에게도 상황은 마찬가지였겠지만, 어쩌면 그들은 동굴에서 잠이 깰 때마다 동굴 벽에 줄 표시를 그었을지도 모릅니다. 그리고 줄 표시가 늘어날수록 변화의 차이가 보인다는 걸 알게 되었을 것입니다.

지각은 인식의 시작입니다. 밤마다 달의 모양이 달라짐을 알게 되었을 것이고, 달의 모습이 처음의 모습으로 되돌아온다는 것도 알게 되었을 것입니다. 그리고 달의 모습이 되돌아오는 것이 벽에 그은 줄 표시의 개수와 관련이 있다는 것을 알게 되었을 것입니다. 이

웁고 인류는 언어의 습득을 통해 '지금·여기'라는 '순간의 말뚝'에서 놓여나게 되고, 지각의 누적이 가능하게 됩니다. 이제 인류에게는 일상이 쌓이게 되고, 이렇게 쌓인 일상을 역사라고 이름 붙입니다.

 해와 달의 움직임을 지켜보던 초기 인류는 해가 먼저 져야 달이 뜬다는 것을 알게 되었을 것입니다. 이렇게 해서 앞뒤의 순서 개념이 생겨납니다. 또한 해의 위치에 따라 아침에서 저녁으로 때가 변함을 알게 되고, 달의 모습도 매일 변한다는 것을 알게 되었을 것입니다. 달의 모습이 사라졌다가 다시 돌아온다는 것을 깨달은 인류는 달의 모습이 되돌아오는 데 걸리는 시간 폭을 특정한 기간으로 인지하게 되었을 것입니다.
 해가 뜨면 동굴 앞에 서 있는 나무에 그림자가 생기는 것을 보게 되었을 것이고, 해가 움직임에 따라 나무의 그림자가 해와 반대 방향으로 움직인다는 것을 알게 되었을 것입니다. 또한 이때 나무의 그림자는 똑같은 길이로 움직이는 것이 아니라 점점 짧아졌다가 다시 길어진다는 것도 알게 되었을 것입니다. 나무 그림자의 위치와 길이는 초기 인류에게 중요한 정보였을 것입니다.
 그러던 어느 날 나무 그림자의 위치를 땅바닥에 그어 표시함으로써 인류는 시간의 정량화라는 작업에 발을 들여놓게 됩니다. 사건의 순서에 대한 기억은 시간의 정량화 없이도 가능합니다. 그러나 사건의 단계를 구분하려면 기준이 필요합니다. 시간의 정량화는 관찰에 기준을 제공하는 중요한 의미를 갖습니다. 그리고 관찰이 기준은 사건의 단계별 연결성을 이해하는 데 있어 중대한 역할을 합니다.
 시간의 정량화는 시간이라는 개념의 창조를 뜻합니다. 시간의 창조는 이어서 무한으로 확장된 지각을 낳게 되고, 이로써 인류는 '시각(時刻)'이라는 개념의 사용이 가능하게 됩니다. 시간이라는 개념은 변화에 상대적 좌표계를 가능하게 만들 뿐입니다. 그러나 시각이라는 개념은 변화에 절대성을 부여함으로써 절대적 좌표계의 구축이 가능하게 만듭니다. 이렇게 구축된 절대적 좌표계 위에다 인간은 마침내 '역사'라는 자신만의 구조물을 쌓아 올리게 됩니다.

일상의 흐름인 시간마저 쪼개어 봄으로써 시간의 정량화에 성공한 인류는 시간을 관찰의 기준으로 사용해서 자연의 변화를 들여다보기 시작합니다. 아마도 초기에는 자연의 인과와 일상의 인과를 구별하기가 쉽지 않았겠지만, 점차 정량화 기법에 익숙해지면서 서서히 자연인과의 발견에 다가가게 되었을 것입니다.

이렇게 자연의 변화를 가상인과와는 다른 눈길로 보기 시작한 인류는 마침내 자연의 변화를 가상인과와 구별할 수 있게 되고, 이어서 자연인과를 발견하게 됩니다. 그러나 자연인과를 정량화함으로써 과학적 필연성이라는 개념을 정립하게 된 건 중세 르네상스 이후 아리스토텔레스의 자연학이 부활하면서 가능하게 된 사건입니다.

자연에 존재하는 인과관계를 당위성으로 인식한 그리스의 자연철학자들은 이러한 당위성에 'law'라는 용어를 빌려다 씁니다. 오늘날 과학에서 '법칙'을 의미하는 'law'라는 용어는 사실은 사회 현상의 당위성을 설명하기 위해 인문학에서 먼저 '법'이라는 개념으로 사용한 단어입니다. 이를 자연철학이 빌려다 사용함으로써 인문학과 자연과학 양쪽에서 모두 'law'라는 용어를 사용하게 된 것입니다.

양자론의 발전을 주도한 슈뢰딩거는 현대 사상에 중대한 영향을 끼친 그리스의 과학적 세계상의 주요 특성으로 두 가지를 꼽습니다. 하나는 자연이 드러내는 것을 이해할 수 있다는 가정이고, 다른 하나는 자연에서 주체의 배제입니다. 슈뢰딩거의 관점에서 보면 '이해'란 '인과관계의 완전한 확립'이고, 이는 연속적 서술이 가능할 때만 성립되는 것이었습니다.

여기서 인과관계란, 철학자 흄이 지적했듯이, '지금까지 항상 그래 왔던, 그래서 앞으로도 그럴 것으로 여겨지는, 선후관계의 가정'을 뜻한다고 보아야 합니다. 즉 인과관계는 귀납적 개념입니다. 따라서 특정한 계와 관련해서 엄밀한 인과관계가 성립하려면 극소 시간 및 극소 거리의 선행조건이 주어질 때 그 직후의 상태를 정확히 예측할 수 있는, 이른바 과학적 법칙이 존재해야 합니다.

앞서 '왜'에는 서로 다른 의미를 갖는 두 가지가 있음을 이야기했습니다. '무엇-때문에'라는 가상인과는 필요성에 근거하는 능동적 반응의 해석입니다. 반면에 '어째서'라는 자연인과는 필연성에 기초하는 수동적 반응의 해석입니다. 이제 자연인과라는 '인식의 체'를 이용하게 된 인류는 종교의 시대의 뒤를 이어 과학의 시대를 꽃피우게 됩니다.

과학의 시대와 A.I.의 시대

"'과학적 방법'이라는 정형화된 관념은 환원 불가능한 역사에서는 설 자리가 없다. 자연의 법칙은 시간과 공간에서의 불변성으로 정의된다. 통제된 실험 기법, 그리고 자연의 복잡성을 최소한의 일반적인 원인들의 집합으로 환원시키는 기법은 모든 시대를 동일한 것으로 가정하고 실험실에서 적절하게 시뮬레이션할 수 있다고 전제한다."

- 굴드

📖 자연인과의 발견은 가상인과의 발명으로부터 오랜 후에 일어난 사건입니다. 먼저 인류는 시간을 정량화합니다. 시간의 정량화에 성공한 인류는 이어서 자연의 변화를 에너지의 교환과 동력의 이동에 따른 원인-결과의 관계로 해석함으로써 인과관계의 정량화라는 방법론을 확립하게 됩니다. 그리고 인류는 인과관계의 정량화에도 성공함으로써 마침내 과학적 필연성의 개념을 정립하게 됩니다.

인과관계의 정량화는 법칙의 발견을 낳게 되고, 법칙의 발견은 이론의 정립으로 이어지면서 자연인과라는 '인식의 체'가 완성됩니다. 이로써 과학의 시대로의 진입이 자리를 잡습니다. 정량적 자연인과의 발견은 르네상스 이후에 일어난 사건이지만, 이에 앞선 가상인과의 내용에서도 정성적인 자연인과의 흔적이 발견되곤 합니다.

'과학'이라는 용어는 'science'라는 용어가 동양으로 수입되면서 번역

된 것입니다. 'science'라는 단어는 라틴어 'scientia'에서 유래하는데, 이 어원은 '나누다' 또는 '알다'라는 뜻을 가진 단어입니다. 그래서 과학은 지식을 의미합니다. 인류는 가상인과라는 습성에 매인 상태인지라 과학적 용어에도 이렇듯 서사적 특성이 스며들어 있습니다.

'과학(科學)'이라는 단어의 '과(科)'라는 글자는 '나누다'라는 뜻이 들어있으니 'science'의 번역어로 꽤 적절하다고 할 수 있겠습니다. 일찍이 인류는 뭔가 모르는 것에 부딪힐 때면 잘게 쪼개고 나누어 봄으로써 정체를 알아내려고 노력했을 것입니다. 그래서 'scientia'의 어원이 '나누다'라는 뜻과 동시에 '알다'라는 뜻도 갖게 되었을 것입니다.

이렇듯 우리는 크고 복잡한 것을 만나면, 작고 간단한 것으로 쪼개고 나눔으로써 그 근원을 살펴봅니다. 이런 식으로 생각하는 구조적 방법론을 '환원(reduction)'이라고 부르는데, 환원은 과학을 수행하는 기본적인 틀입니다. 이러한 방법으로 물질을 쪼개다 보면 더 이상 쪼갤 수 없는 상태에 도달하게 될 텐데 이 상태를 '원자'라고 부릅니다. '원자'의 원어인 'atom'의 어원은 '더 이상 쪼갤 수 없음'을 뜻합니다.

> "우리의 언어는 과학에 대해 가장 한정적이고 고약한 고정관념을 나타내는 도구들로 가득 차있다. … 역사적 결과들, 즉 그 미세한 부분까지 고려하면 오직 단 한 차례만 일어날 수 있는 엄청나게 복잡한 사건들을 설명하려고 시도해야 하는 과학자는 어떻게 대처해야 하는가? … 그 적절한 방법은 흔히 생각되는 것처럼 실험을 중시하는 것이 아니라 '서사(narrative)'에 초점을 맞추는 것이다."
>
> – 굴드

우리는 흔히 시공을 초월한 법칙이나 객관적으로 검증된 사실의 추구를 과학이라고 생각하면서, 애매함이나 불확실성은 과학의 적으로 여깁니다. 그런데 과학의 역사를 살펴보면 시대가 변하면서 이른바 과학적 진리 또한 함께 변해온 것을 보게 됩니다. 이렇듯 시대가 변하면 새로운 과학이 필요해지므로, 과학의 근본에 있는 믿음을 이해하고 왜 새로운 시대에는 새로운 과학적 믿음이 필요한가를 이해하는 것이야말로 시대적 과제로 보입니다.

슈뢰딩거는 『길을 찾아서』라는 에세이에서 현대 물리학의 기초에 있는 형이상학을 비판하면서 새로운 믿음이 필요하다고 주장합니다. 철학자 듀이 또한 시간과 공간을 뛰어넘는 확실한 법칙을 추구하는 것이 과학의 특징이라고 지적하고는 철학의 재구성이 필요하다고 촉구합니다. 그리고 철학자 화이트헤드는 시공간의 한 점에 물질이 존재한다는 믿음이 사실은 현실이 아니라 수학의 추상적 성질을 현실로 착각한 것이라고 주장합니다.

착각과 관련해서 '두 개의 책상'이라는 물리학자 에딩턴의 유명한 예화가 있습니다. 우리의 앞에는 늘 하나가 아니라 두 개의 책상이 존재한다는 것입니다. 하나는 실제로 팔꿈치를 대고 있는 낡고 익숙한 이미지의 책상이고, 다른 하나는 모든 감각적인 성질을 결여한 채 수없이 구멍이 뚫려있어 '무(無)'로 이루어진 과학적인 이미지의 책상이라는 것입니다.

또한 에딩턴은 다음과 같이 말합니다. "물리학의 세계에서 우리는 익숙한 '삶의 그림자놀이'를 본다. … 물리학이 다루는 것이 그림자의 세계라는 솔직한 깨달음은 최근에 일어난 중요한 발전 중 하나다." 슈뢰딩거는 이러한 에딩턴의 말을 인용하면서 과학이 개념적 구성물임을 주장합니다.

한편, 물리학자 파인만은 과학이 상식이라고 이야기합니다. 물론 이러한 견해는 과학이라는 문화에 익숙한 사람에게나 가능할 것 같습니다만, 그는 또한 과학이 천국의 문을 여는 열쇠이면서 동시에 지옥의 문을 열 수 있는 열쇠이기도 하다고 논평합니다. 그러면서 파인만은 『과학이란 무엇인가?』라는 책에서 과학의 정의에 대해 다음과 같이 세 가지로 답합니다.

"우선 과학은 '무엇인가를 발견해 내는 특별한 방법'을 의미한다. 또는 그렇게 해서 발견된 것으로부터 나오는 '지식의 체계'를 의미하기도 한다. 끝으로 어떤 걸 발견했을 때 그것으로 만들어낼 수 있는 새로운 것들이나 그 새로운 것들을 현실에서 구현하는 걸 의미하기도 한다."

양자론의 발전에 기여한 물리학자 막스 보른은 과학을 탐구하는 과학자의 작업 내용에 대해 독특한 견해를 폅니다. "과학자는 새로운 자연 현상을 발견하는 것이 아니라, 자연 현상에 관한 새로운 사고방식을 마련한다." 그런가 하면 굴드는 과학이 자료와 선입관 사이의 복잡한 대화라고 하면서 다음과 같이 비판적인 태도를 보입니다.

"사람들은 과학자가 편견에 사로잡히지 않는 객관성의 전형이고, 모든 가능성에 마음을 열고 오직 증거의 무게와 논리적인 근거에 의해서만 결론에 도달한다는 낡은 신화를 믿을 만큼 순진하지 않다. 우리는 편견, 선호, 사회적인 가치, 심리적인 태도 등이 모두 발견의 관정에 중요한 역할을 한다는 것을 알고 있다."

위에서 보았듯이 과학에 대한 설명은 전공 분야에 따라 많은 차이를 보입니다. 이러한 차이는 과학이 자연의 변화를 해명하는 자연인과에 대한 인간의 해석이기 때문입니다. 그러나 우리는 결국 자연의 변화가 '메타마찰'을 극복하는 과정임을 이해하게 될 것입니다. 글쓴이가『우주를 맴도는 러셀의 찻잔』에서도 설명한 바 있습니다만, 시간의 개념을 낳는 엔트로피는, 볼츠만이 임의로 차용한 통계학적 엔트로피가 아니라, '메타마찰'이라는 활성장벽으로 풀이되는 클라우지우스가 최초에 주장한 열역학적 엔트로피임을 기억해야 합니다.

> "기계가 생각할 수 있냐는 질문은 잠수함이 수영할 수 있냐는 질문만큼이나 무의미하다."
>
> — 에츠허르 데이크스트라

최근 'A.I.의 시대'가 화두로 등장하면서 과연 기계가 생각할 수 있는가 하는 문제가 다시 쟁점으로 떠오릅니다. 이 문제에 대해 컴퓨터 과학자 데이크스트라는 위 글상자처럼 답합니다. 그런데 기계가 생각할 수 있냐는 질문이, 과연 그의 말처럼, 잠수함이 수영할 수 있냐는 질문과 비교될 만한 동급의 질문일까요?

단순히 개체와 기능이라는 관계에서만 본다면 그렇다고 인정할 수 있을지도 모릅니다. 하지만 생각이라는 기능과 수영이라는 기능의 내용을 들여다본다면, 꼭 그렇다고 이야기할 수만은 없게 됩니다. 왜냐하면, 소프트웨어적 내용인 '생각'과 하드웨어적 내용인 '수영'은 각각 지능과 기능이 관여하는 문제라서 격이 다른 문제이기 때문입니다.
 물론 수영이라는 기능의 개념적 정의 문제도 그리 간단한 문제는 아닙니다. 예를 들어, 잠수함의 항해라는 움직임과 생명체가 헤엄치는 움직임을 비교할 때, 모두 물속에서의 의도적 움직임이므로 같은 종류로 볼 수도 있을 것입니다. 그런데 막상 움직이는 기전을 들여다보면 과연 두 움직임이, '수영'이라는 동일한 개념을 적용해도 좋을 만큼, 같은 종류의 움직임인지 선뜻 답하기가 쉽지 않습니다.

 4.1 〈인간지능〉 = 〈사물|이름〉 = 〈사물|관념〉〈관념|이름〉
 4.2 〈인공지능〉 = 〈이름|사물〉 = 〈이름|범례〉〈범례|사물〉

 능동성에 기인하는 인간지능과 달리 자동성에 기초하는 인공지능의 특성은 1장에서 설명한 '메타경첩 원리'를 사용하여 인간지능과 비교해 보면 차이가 드러납니다. 인간은 4.1 도식처럼 지각한 사물에 이름을 대응시킴으로써 인지합니다. 이때 사물에 이름을 대응시키는 과정에는 관념이라는 매개체가 메타경첩으로 이용됩니다.
 흔히 의미로 해석되는 관념은 인류의 진화 과정에서 영상과 언어가 복합된 체험을 통해 생성된 개념적 도구인데 심상(心象)이라 보면 되겠습니다. 4.1 도식에 보인 인간지능의 관념적 대응 과정은 정의라는 내포를 이용하여 사물을 인지하는 내포 방식으로 볼 수 있습니다.
 한편, 인공지능은 언어를 외부로부터 입력되는 데이터로 취급합니다. 언어의 구문 분석은 가능하지만, 의미 분석이 가능하지 않은 인공지능은 언어에 의한 직관적 사고가 불가능합니다. 그래서 이름 또한 데이터로 받아들이는 인공지능의 인지 방식은 인간지능과는 반대 형식입니다.

4.2 도식에서 보듯이 인공지능은 이름이라는 입력에 범례를 메타 경첩으로 사용하여 대조함으로써 사물의 특정 정보를 출력으로 지정하게 됩니다. 이때 정보의 대조 과정은 데이터뱅크라는 집합을 이용하게 되는데, 인공지능의 집합적 대조 과정은 범례라는 외연을 이용하여 사물을 인지하는 외연 방식으로 볼 수 있습니다.

처음의 질문으로 돌아가서, 과연 기계가 생각할 수 있을까요? 기계가 생각할 수 있는가 하는 질문은 기계가 지능을 갖고 있는가 하는 질문과 마찬가지 의미로 볼 수 있겠습니다. 그래서 결국은 인공지능의 가능성을 묻는 물음입니다. 그런데 이러한 인공지능에 관한 토론의 끝에는 기계의 초지능으로부터 위협을 느끼는 인간의 우려가 등장합니다. 사실, 인공지능의 위협이라는 문제는 우리가 인공지능이라는 개념을 올바르게 이해하고 있는지 돌아보게 만듭니다.

아마도 가까운 미래에는 질병 사례의 통계와 관련된 의학적 진단이나 범죄 사례의 통계와 관련된 법학적 형량의 판단과 같은 문제는 빅데이터라는 컴퓨터의 특화된 고기능이 맡게 될지도 모릅니다. 그리고 이렇게 특화된 고기능이야말로 인공지능의 일종으로 보아야 한다는 주장도 나올 법합니다. 그렇다면 인간의 생명과 관련되는 판단을 수행하는 특화된 고기능은 충분히 인간의 위협이 될 수도 있습니다.

하지만 특화된 고기능은 비록 복잡해 보이지만 결국 규칙이 정해진 작업을 수행할 뿐이라는 관점도 가능합니다. 즉 여기에는 작업의 순서에 대한 예제와 알고리듬의 사전 입력이 가능하므로 인공지능으로 볼 수 없다는 반대 주장이 가능합니다. 그리고 이런 관점에서 본다면, 최근에 인공지능으로 선전되는 의료용 컴퓨터인 왓슨이나 바둑용 컴퓨터인 알파고는 특화된 고기능으로 봐야 할 것 같습니다.

이러한 의문은 인류를 위협하는 위험 요소가 기계의 초지능이 아니라 기계의 기형적 고기능은 아닌지 돌아보게 만듭니다. 그리고 이러한 논쟁은 고기능 역시 기능의 일종이므로 다시 지능과 기능의 구별이라는 문제로 돌아가게 됩니다.

앞서, 지능이 문제 해결을 통한 상황의 대처 능력인 반면, 기능의 핵심인 학습은 기억과 모방을 뜻한다고 말한 바 있습니다. 그런데 오작동의 유무도 또한 구별을 위한 지표가 될 수 있습니다. 왜냐하면, 고기능이라 할지라도 기능으로 정의되는 한은 항상 오작동의 가능성이 존재합니다만, 사전 지식이 존재하지 않는 문제를 마주하는 지능에는 아예 오작동이라는 개념 자체가 있을 수 없기 때문입니다.

또한 기능과 지능은 도구적 관점에서 구분할 수도 있을 것입니다. 기능은 기계적 순차의 방식으로 작업을 수행하는 제한적 목적을 갖는 수단으로 볼 수 있습니다. 즉 기능은 특화된 도구를 의미합니다. 이와 달리 지능은 제한이 없는 목적을 갖는 만능 도구로 볼 수 있습니다. 즉 지능은 예제 없이 주어지는 문제를 해결하는 능력을 의미합니다.

지능을 좀 더 풀어서 말한다면, 임의의 자료로부터 기계적 순차가 아닌 유기적 순차의 방식으로 정보를 추출하는 능력을 의미합니다. 기계적 순차란 부분과 전체의 상호작용이 없는 기제를 뜻하지만, 유기적 순차란 부분과 전체의 상호작용이 있는 기제를 뜻합니다. 따라서 유기적이라는 개념은 기계적이라는 개념에다 보상적이라는 개념을 덧붙인 것으로도 볼 수 있을 것입니다.

위에서 정보는 유용성이라는 가치에 기초하는 개념으로 여기에는 지향적 명제인 목적성이 함축되어 있습니다. 이렇게 본다면 기능은 분야와 목적이 뚜렷하게 정해진 상태에서 논의되는 개념인 데 반해, 지능은 특정 분야가 없이 임의로 주어지는 상황에서 그에 맞추어 목적성이 발현되는 개념임을 알 수 있습니다.

입·출력의 관계만을 본다면 인간지능과 인공지능은 구별이 어려울 때가 있습니다. 이러한 유사성은 인공지능에 주입된 알고리듬이 인간의 반응을 모방하도록 작성되었기 때문입니다. 문제는 형식이 같다고 해서 내용도 같지는 않다는 것입니다. 인공지능은 정보처리 과정을 데이터뱅크에 의존하므로 결국 사례의 모음인 데이터뱅크의 양과 질이 인공지능의 성능을 결정하게 됩니다. 특히 성능을 가르는 기준은 거대한 데이터뱅크의 신속하고 정확한 분류 방식에 있을 것입니다.

일단 입력이 주어지면, 인공지능은 관련된 정보를 데이터뱅크에서 탐색하여 입력과의 인접성을 계산하게 됩니다. 이때 사례의 유사도에 의해 계산되는 입출력의 인접성이 신뢰도를 결정하는 기준이 됩니다. 요즈음 유행하는 챗봇과의 대화에서 우리는 챗봇이라는 인공지능과 대화를 나누고 있다고 생각하겠지만, 실은 대화의 주제에 대해 가상 사회에서 다수결로 결정된 의견을 듣고 있는 셈입니다.

또한 지능의 문제에는 추상적 사고도 포함됩니다. 흔히 말하는 추상적 사고는 관념에 의한 개념적 사고이므로 실물에의 의존성 없이 꿈이나 상상과 같은 방식으로 이루어집니다. 꿈이나 상상은 눈에 보이는 실제 공간에서 일어나는 현상은 아니지만, 우리는 꿈속이나 상상 속에서 "본다"는 표현을 사용합니다. 상상을 포함한 추상적 사고는 관념에 의해 구성되는 의사(擬似) 시각적 현상이라는 뜻입니다.

관념은 영상과 언어가 복합된 체험에 의해 생성된 개념적 도구인 심상(心象)입니다. 상상이 이렇듯 복합 개념인 관념이라는 심상에 의해 구성됨에 따라 인간은 '본다'고 인식하는 것입니다. 이 경우는 인공지능의 영상 소프트웨어를 이용한 시각적 시뮬레이션과 비교해 볼 수도 있겠지만, 영상화는 인간의 이해를 돕기 위해 외부로 보여주는 용도일 뿐입니다. 특히 추상적 사고에는 비시각적 요소도 포함되므로 영상 시뮬레이션과는 차원이 다른 문제로 보아야 할 것입니다.

인간이 자연 현상을 이해하는 방법 가운데 과학적 모형이야말로 중요한 역할을 합니다. 수학을 바탕으로 이루어지는 과학적 모형에는 선형모형과 비선형모형이 있습니다. 구성 변수들의 관계가 1차인 선형모형은 수정이 쉽습니다. 하지만 구성 변수들의 관계가 2차 이상이거나 초월 함수로 이루어진 비선형모형의 수정은 선형모형과는 비교할 수 없을 정도로 난해합니다.

문제는 생체 과정의 모형화에는 비선형모형이 적합하다는 것입니다. 생체의 문제와 관련해서 비선형모형이 적합한 이유는 생체에서 일어나는 과정이 유기적이기 때문입니다. 즉 기계적 과정에는 선형모형이 유용하므로 기계적 구성체에서 비롯되는 인공지능의 분석에는 선형모형이 적합합니다. 반면에 유기적 과정에는 비선형모형을 사용할 수밖에는 없으므로 유기적 구성체에서 비롯되는 인간지능의 분석에는 비선형모형이 적합합니다. 여기서 유기적 구성체의 또 다른 특징으로는 개체적 통일성이 있습니다. 모형의 구조적 분석을 통해 두 지능의 차이는 물론 상대적 우열의 가늠도 가능해 보입니다.

누군가는 기계가 생각할 수 있는가 하는 질문을 기계가 마음을 갖고 있는가로 바꿔서 묻기도 합니다. 인간의 마음에서는 자율성이 핵심 요소이므로 기계의 마음 문제는 기계의 자율성을 묻는 것일 수 있습니다. 즉 기계가 독립적인 판단을 통해 스스로 행동을 결정하는가 하는 문제입니다. 학자들은 흔히 마음을 현상적 마음과 지향적 마음으로 구분하면서, 현상적 마음은 감각에 수반되는 느낌에 대한 의식으로 1인칭적 현상이라서 인공지능에는 가능하지 않다고 판단합니다.

흔히, 지향적 마음은 감각이 아닌 지각의 외삽적 연장선에 위치하는 지향성을 수반하는 명제 태도에 관한 의식으로 봅니다. 즉 지향적 마음에는 감각적 특성이 수반되지 않으므로 인공지능에의 이식이 가능할 것으로 보고 있습니다. 그런데 사실 지향성은 의도와 목적의 모태입니다. 여기서 인간에게 존재하는 지향성에 따른 목적은 유기적 특성이지만, A.I.에 존재하는 기능성에 따른 목적은 기계적 특성이라 서로 차원이 다른 개념입니다. 그렇다면 지향적 마음 역시 인공지능에의 이식은 가능하지 않다고 보아야 할 것입니다.

인공지능에 지향성이 존재하지 않는다면 인공지능의 자율성은 공허한 흉내가 됩니다. 인간의 고유한 특성인 지향성은 관념에 근거하는데, 관념은 앞서도 언급했듯이 언어적 체험에 기반을 두는 개념적 도구입니다. 문제는 관념이라는 연결 고리가 없이는 가상인과의 이해가 불가능하다는 것입니다. 가상인과의 이해가 불가능하다면 서사의 구성 또한 불가능합니다. 그리고 서사의 구성이 불가능한 인공지능은 자신의 존재 이유에 대한 자율적 추론이나 반성도 불가능합니다.

생존의 문제로 연결되는 욕구는 감정의 일종인데 감정은 감각에 근거하는 알림 장치이고, 감각은 생명 유지를 위한 안전장치입니다. 이러한 감정이나 느낌의 주관성은 인공지능의 또 다른 문제입니다. 예를 들어, 인간은 반복에서 피로감을 느끼고 망각에서 불안감을 느끼는데, 감각이나 감각에서 비롯되는 느낌에 대한 개념이 없는 A.I.는 이러한 감정 상태를 어떻게 해석할까요? 앞서 말한 불안감은 뭔가 제한된 상황에서 연유하는데, 제한성은 가치에 근거하는 개념입니다.

만일, 입력되는 자극의 에너지가 개체의 수용 한계를 넘어선다면 개체로서는 비상사태가 분명합니다. 오늘날 감정은 여러 의미로 사용되고 있지만, 감정의 기원은 비상사태에 대처하기 위해 '감각질(qualia)'에서 비롯된 경보 장치로 보아야 합니다. 생존과 직결되는 욕구를 포함하는 비상사태에는 죽음에 대한 인지도 포함됩니다. 어쨌든 생물종은 위기 상황에 대처하기 위해 경보 장치를 갖추도록 진화해 왔는데, 인공지능에도 이런 종류의 기전이 가능할는지 의문입니다.

특히 인식의 문제와 관련해서 비트겐슈타인은 언어의 중요성과 주관성에 대해 이렇게 말합니다. "유아론(唯我論)이 뜻하는 것은 말해질 수 없고 다만 드러날 뿐이다. 세계가 나의 세계라는 것은 내가 유일하게 이해하는 언어의 한계가 나의 세계의 한계를 의미한다는 점에서 드러난다." 이 논평은 언어에서 비롯되는 맥락과 논리에 근본적인 한계가 있음을 시사합니다. 언어의 구조가 다른 A.I.에도 이런 언어의 한계 문제가 적용될는지 의문입니다.

셀라스 좌파와 우파

📖 인간을 탐구의 대상으로 하는 철학은 유구한 역사를 자랑하는 학문입니다. 그런데 오늘날 철학을 보면 그 존재 의미를 의심받고 있거나 심지어는 무시당하고 있는 상황으로까지 느껴집니다. 도대체 철학의 당위성과 유용성이 무엇이기에 오늘날 철학이 이처럼 당위성과 유용성을 잃어가고 있는 것처럼 보이는 것일까요?

사실, 그리스에서 시작한 철학은 만학의 근원으로 인류 최초의 학문으로 볼 수도 있을 것입니다. 철학이라는 용어는 고대 수학자인 피타고라스에게 당신은 뭐 하는 사람이냐고 물었을 때, "나는 '앎을 사랑하는 사람(philosopher)'이다."라고 답한 말에서 유래합니다. 한편, 오늘날 우리가 학문으로서 철학이라 부르는 형이상학이라는 용어는 아리스토텔레스의 『자연학』이라는 저술의 '부록'에서 비롯됩니다.

그런데 철학의 유용성은 무엇일까요? 소크라테스를 본받은 후배 철학자들은 이른바 전문가에게 묻습니다. 당신은 진정 전문가인가? 당신은 무엇을 알고 있는가? 당신이 알고 있는 것은 진리가 틀림없는가? 그래서 전문가들은 이렇게 계속 물어대는 철학자들을 성가시게 여깁니다. 하지만 누군가는 발견의 정당성과 진리성을 확인해야 합니다. 물론 이런 확인 작업은 객관적이고 합리적이어야 할 것입니다.

가상인과를 발명한 인류는 매사에 이를 적용하는 버릇이 생깁니다. 이른바 '왜의 게임'의 시작입니다. '왜'라는 물음은 '앎'을 위한 것입니다. 따라서 '앎을 사랑하는 사람'인 '철학자'는 체질적으로 끊임없이 '왜'를 물어댈 수밖에 없습니다. 문제는 인류가 가상인과의 발명에 이어 자연인과를 발견하게 되었는데, 자연인과 또한 가상인과처럼 '왜'라는 동일한 형식으로 질문이 시작된다는 것입니다.

이유에 근거하는 가상인과의 '왜'와 원인에 기초하는 자연인과의 '왜'를 신경 써서 구분하지 않고 혼용해 온 인류는 오랫동안 혼란과 오류에 빠지게 됩니다. 이러한 현상이 가장 심각하게 영향을 끼친 분야가 철학으로 보입니다. 체질적으로 '왜'라는 질문에 익숙한 철학자들은 자연인과에 대해서도 서슴없이 '왜'를 들이댄 것입니다. 문제는 가상인과가 발명품인 데 반해 자연인과는 발견품이라는 것입니다.

가상인과가 사례로 이루어지는 서사적 맥락에 근거한다면, 자연인과는 힘과 에너지로 이루어지는 동력적 맥락에 기초합니다. 즉 가상인과가 의도와 필요성이 좌우하는 인문적 필연성인 데 반해, 자연인과는 에너지와 인과성이 좌우하는 과학적 필연성입니다. 두 인과 모두 필연성이라는 표현을 갖지만, 가상인과가 능동적 인과관계라면 자연인과는 수동적 인과관계로 서로 독립적이고 연관성이 없습니다.

이유를 원인과 구분해서 신경을 쓴 철학자는 라일을 비롯해서 여럿 있습니다. 하지만 이 둘을 체계적으로 구분하고 인간의 행위에서 필수적인 요소로 간주한 철학자는 아마도 셀라스를 첫손에 꼽아야 할 것 같습니다. 셀라스는 가상인과에 근거하는 인문적 필연성을 '현시적 이미지'라는 개념으로 표현하고, 자연인과에 기초하는 과학적 필연성을 '과학적 이미지'라는 개념으로 표현합니다.

제4장 자연인과를 발견한 호모 사피엔스

현대 철학사를 살펴보면 비자연종의 배제를 통해 인식론의 자연화를 시도한 콰인의 사상이 돋보입니다. 콰인은 과학적 방법론을 통해 주관성을 제거하고 인과적 질서와 지향적 질서라는 인지의 양면성을 하나로 통일할 수 있으리라 기대합니다. 콰인의 철학은 원인의 관점에서 풀어내는 원인의 철학인 셈입니다. 그러나 인식론의 자연화라는 개념을 고안함으로써 새로운 철학적 목표에 도전했음에도 그는 결국 구체적인 해결책을 찾지 못한 것으로 보입니다.

"경험적 지식은 그 세련된 발전인 과학과 마찬가지로 합리적이다. 그러나 그것은 경험적 지식이 기초를 갖고 있기 때문이 아니다. 오히려 그것은 경험적 지식이나 과학이 자기 수정적 작업이기 때문이다. 그것은 단번에 모든 것에 대해서 그렇게 하는 것이 아니지만, 그 어떠한 주장도 절대적인 것으로 인정하지 않는다." 이 인용에서도 알 수 있듯이 셀라스는 과학적 지식 외에도 경험적 지식의 합리성을 인정합니다. 셀라스의 철학은 이유에 근거하는 이유의 철학인 셈입니다.

이렇듯 과학적 이미지와 현시적 이미지라는 두 개의 좌표축을 이용하여 자연종과 비자연종을 함께 아우름으로써 철학 체계의 재정비를 시도한 셀라스의 사상은 눈여겨볼 만합니다. 특히 셀라스 철학의 근본 문제라 할 수 있는 자연적 질서와 개념적 질서의 관계를 해명하는 일은, '사실의 진리'와 '이성의 진리'를 구별한 라이프니츠를 떠올리게 할 뿐만 아니라, 앞서 살펴보았던 자연인과와 가상인과라는 인류가 습득한 두 개의 '인식의 체'와도 연결되어 있어 흥미롭습니다.

"철학사가 없는 철학은 비록 공허하거나 맹목적이지는 않더라도 적어도 우둔하다."라는 그의 논평에서도 알 수 있듯이 철학사에 대한 셀라스의 태도는 철학사에 대해 경멸적인 태도를 보인 콰인과는 사뭇 다릅니다. 철학사의 고전 철학자들을 주의 깊게 공부했던 셀라스의 사상적 뿌리는 넓게 퍼져있습니다. 다만, 셀라스의 입장이 까다롭게 보이는 것은 그가 기존의 이론과 통찰을 검토하고 비판하는 한편 자신의 철학적 자원으로 재활용하고 있기 때문일 것입니다.

셀라스는 감각이 지식의 필요조건이지만 그 자체가 지식은 아니고, 지식은 개념에 의해 매개되어야 한다고 주장합니다. 그리고 인간이 서로의 이유를 추론하는 행위가 '이유의 논리적 공간'을 창조하거나 구성하는 것이라고 묘사합니다. 또한 모든 지식이 '이유의 논리적 공간' 안에서, 즉 언어나 개념의 틀 안에서 이루어지는 것이라고 주장하면서 정당화에 대해 다음과 같이 이야기합니다.

"어떤 에피소드나 상태를 지식이라고 특성 짓는다는 것은 그 에피소드나 상태에 경험적 서술을 하는 것이 아니라는 것이 본질적 논점이다. 오히려 우리는 그것을 '이유의 논리적 공간'에 위치시키는 것이다. 즉 우리가 그런 에피소드나 상태를 말한 것을 정당화하거나 정당화할 수 있는 공간에 위치시키는 것이다."

셀라스는 현시적 이미지를 왼손에 그리고 과학적 이미지를 오른손에 들고 두 이미지가 일관성 있는 전체로 조화를 이루는 통관적 견해를 만들려고 노력했습니다. 그러나 그의 통관적 의도와는 반대로 그의 사상은 현시적 이미지를 중시하는 좌파적 입장과 과학적 이미지를 중시하는 우파적 입장의 두 종류로 나뉘어서 계승됩니다.

'이유의 논리적 공간'에서 일어나는 인식의 문제를 다루는 현시적 이미지를 중시하는 좌파적 입장을 계승한 후학으로는 브랜덤이나 맥도웰 등의 철학자들이 있고, '인과의 자연적 공간'에서 일어나는 존재의 문제를 다루는 과학적 이미지를 중시하는 우파적 입장을 계승한 후학으로는 밀리칸이나 처치랜드 등의 철학자들이 있습니다.

그런데 셀라스의 철학은 현시적 이미지와 과학적 이미지라는 좌우의 양 날개가 합쳐졌을 때 비로소 온전한 셀라스의 통관주의가 완성되어 웅대한 비상이 가능할 것입니다. 그래서 셀라스의 몰이해에서 비롯되는 좌파나 우파라는 편 가르기가 더욱 안타깝게 느껴집니다.

"종류, 유사성, 사실에 대한 모든 인지는, 간단히 말해서 추상체에 대한 모든 인지와 나아가 개별자에 대한 모든 인지조차도, 언어적 일이다."라는 그의 언급에서 보듯이 셀라스는 인간의 인지 자체가 언어와 직접 관련된 작업이라는 것을 인식하고 있었습니다. 그래서 그는 믿음의 지향성이 문장 지향성의 반영이라고 주장합니다.

셀라스는 언어나 마음은 결코 자연적인 것으로 환원되지 않는 중요한 기능을 한다고 말하면서 이들 사이의 상호 환원을 거부합니다. 이러한 환원이 자연주의 오류를 범하고 있기 때문인데 인식적 사실을 비인식적 사실로 환원하여 분석한다는 것이 곧 자연주의적 오류라는 해석입니다. 그리고 가치와 당위 및 규범이 자연적 사실로 환원되지 않는 것처럼 언어의 지향성이 갖고 있는 규범적 기능도 자연적 사실로 환원되지 않는다고 주장합니다.

또한 셀라스는 심리적 지향성이 언어적 지향성에 의존하고 있다고 주장합니다. 그리고 언어가 자연적 사실로 환원되지 않기 때문에 언어에 의존하고 있는 사유, 즉 심적인 것도 자연적 사실로 환원되지 않는다고 주장합니다. 심리적 존재와 물리적 존재에 대한 셀라스의 2원적 주장은 에딩턴의 '두 개의 책상'이라는 예화를 상기시킵니다.

  셀라스는 마음이 우리의 행동을 설명하기 위해 이론적으로 도입한 언어의 가설적 대상이라고 주장한 최초의 철학자입니다. 이러한 주장은 언어의 발전에 따라 마음이 도입되고 발전된다는 가설도 가능하게 합니다. 또한 우리가 '언어를 사용한다.'라는 사회적 실행이 어떻게 존재하게 되는지를 설명할 수 있다면, 마음과 세계의 관계를 설명하는 데 필요한 모든 것을 알게 된다는 그의 주장을 통해 언어와 마음의 관계에 대한 통찰을 엿볼 수 있습니다.

  데닛은 셀라스를 심리철학적 주장인 기능주의의 창시자로 간주하면서 셀라스의 영향력에 대해 다음과 같이 이야기합니다. "어김없이 만족스럽게 셀라스의 바퀴를 재활용하면서도, 정작 그의 이름을 인용하는 사람은 거의 없다. 이렇게 인정받지 못한 재활용의 수많은 사례를 불러 모을 수 있다."

부록 4-1: 양자론의 단편적 서사

자연인과의 장을 끝내면서 과학적 서사에 관해 살펴보려 합니다. 먼저 양자론의 서사와 관련된 논리적 빈틈의 문제를 살펴보겠습니다. 역설적이게도 아인슈타인은 본인이 주장한 상대론이 아니라 반대한 양자론으로 노벨상을 받습니다. 그의 수상 업적인 광전효과의 수치 해석에는 탈출 전자의 에너지에 생긴 틈을 메우기 위해 '일함수'가 등장합니다. 이때 '일함수'는 전자가 멋대로 궤도를 이탈하는 현상을 막기 위해 울타리의 역할을 하는 활성장벽인 '메타마찰'을 뜻합니다.

양자론과 상대론의 역사를 포함하는 과학사에는 많은 과학자가 등장합니다만, 독보적인 존재를 꼽으라면 아무래도 뉴턴이 꼽힐 것입니다. 이렇게 뉴턴이 첫손에 꼽히는 이유는 인류 최초로 자연의 변화를 정량화함으로써 자연에서 일어나는 상태의 변화에 대한 원인을 밝혀내고 과학적 사고의 물꼬를 텄기 때문입니다.

물체의 운동에서 상태를 변화시키는 주범이 '힘'이라는 존재임을 뉴턴이 처음으로 밝혔지만, 운동의 과정에 관해서는 뉴턴보다 한 세대 앞선 갈릴레이가 이미 수식을 세워 설명한 바 있습니다. 갈릴레이가 풀이한 수식에는 속도와 가속도가 시간의 함수 형태로 들어있습니다. 그러나 갈릴레이는 "지금은 가속도의 원인을 규명할 적절한 시기가 아닌 것 같다."라는 말로 무지를 가린 채, 가속도의 원인에 대한 탐색을 유보합니다.

이렇게 갈릴레이가 미룬 가속도의 원인에 대한 문제를 뉴턴이 풀어냅니다. 뉴턴은 '힘'에 의해 운동의 변화가 일어난다는 서사를 통해 인류 최초로 힘을 정량적으로 정의합니다. 물리학 이론도 인간의 작업이므로 서사에 뿌리를 두게 됩니다. 어쨌든 뉴턴은 힘을 토대로 물리학의 골격을 세움으로써 물리학의 시대를 열게 됩니다. 비록 그의 수식에는 '질량'이라는 불가해한 비례상수가 포함되어 있습니다만.

과학의 발전과 함께 인간은 인식주체가 인식객체를 인식하기 위해서는 인식매체가 필요하다는 사실을 깨닫게 됩니다. 인식매체는 인식주체와 인식객체 사이의 시공간에 가로놓여 있습니다. 존재와 인식의 사이에는 '시간적 빈틈'과 '공간적 빈틈'이 존재합니다. 이에 따라 존재는 인식 그 자체가 아니라 인식을 통해 지각되므로 인식에 의존할 수밖에 없다는 인식론의 입장이 존재론으로부터 홀로 서게 됩니다.

존재와 인식 사이의 '빈틈' 문제를 구체적으로 살펴보기 위해서는 인식의 전제가 필요합니다. 우리는 보통 다음과 같은 인식적 전제를 받아들입니다. "한 물체는 동시에 두 공간에 존재할 수 없으며, 두 물체는 동시에 한 공간에 존재할 수 없다." 그런데 사뭇 자연스러워 보이는 이 명제에서 '한 공간'이라는 개념과 '동시'라는 개념이 각각 양자론과 상대론으로부터 의심의 눈초리를 받게 됩니다.

인과율을 위협하는 '동시'라는 개념의 보완을 위해 상대론은 광속 상한제의 도입과 보존법칙의 포기를 각오하면서까지 타협점을 찾고자 애씁니다. 그리고 원자의 내부에 존재하는 전자가 경계조건으로 인해 '한 공간'에 퍼져있는 위상구조를 취한다는 사실을 못 받아들인 양자론은 확률이라는 해서에 의존해서 타협점을 찾고자 힘씁니다. 특히 관찰이 영향을 미치는 미시세계의 차원적 특성과 관련해서 양자론은 '세계의 관찰자 의존성'이라는 오해가 섞인 표현마저도 사용합니다.

양자론은 '닫힌계의 에너지는 양자화된다.'로 요약할 수 있습니다. 속박장에 의해 닫힌계가 형성되면, 계의 에너지는 닫힌계의 경계조건을 따름으로써 불연속적인 값만을 갖게 됩니다. 이때 불연속적인 에너지를 '양자(量子)'라 일컫습니다. 한편, 양자는 닫힌계에 형성된 파동의 주기를 뜻하는데, 닫힌계에서는 진동 주기의 배수인 파동만 지속적으로 살아남게 됩니다. 이를 '드브로이 물질파'라 부릅니다.

양자론은 퍼텐셜이라는 이름을 갖는 속박장의 경계조건에 대한 해설입니다. 속박장에 의한 닫힌계의 에너지도 비탈의 모습일 거로 생각했는데, 알고 보니 계단의 모양을 이룬다는 사실을 양자론이 알려줍니다. 물론 원자라는 건물의 밖과 같이 열린계의 에너지는 여전히 '에너지의 비탈'이라는 형태로 존재합니다. 다만 원자라는 건물의 안과 같이 닫힌계의 에너지는 '에너지의 계단'의 형태로 존재합니다.

전자가 원자라는 아파트에 입주하려면 '양자수'라 부르는 입주 조건을 갖춰야 합니다. 글쓴이가 『우주를 맴도는 러셀의 찻잔』에서 "전자(電子)의 4주(四柱)"라고 표현한 전자의 입주 조건은 인간의 4주(四柱)처럼 네 개의 수로 표현됩니다. 먼저 원자라는 아파트의 층 번호인 '주-양자수'와 세대의 번호인 '부-양자수' 그리고 세대 안의 방 번호인 '자기-양자수'와 방 안 2층 침대의 번호인 '스핀-양자수'로 이루어지는 네 개의 '양자수'가 바로 '전자의 4주(四柱)'입니다.

특히, 양자론에는 입자-파동의 2중성이라 부르는 빛의 두 얼굴이 오늘날까지도 과학자들을 괴롭히고 있습니다. 빛이 입자와 파동의 두 형태로 파악되는 모순에 관한 논란은 입자라는 존재 양식과 파동이라는 행동 양식의 혼란에서 일어나는 문제로 보아야 합니다.

입자는 물질의 존재 양식을 나타내는 정적인 실체의 개념인 데 반해, 파동은 물질의 행동 양식을 나타내는 동적인 속성의 개념이기 때문입니다.

흔히, 매질을 타고 전파되는 파동을 이야기할 때, 마치 파동이 매질과 독립된 별개의 물리적 실체인 양 착각하기 쉽습니다. 사실, 파동이라는 존재는 매질을 통해 에너지가 전달되는 방식을 나타내는 개념으로 매질의 행동 양식입니다. 즉 존재하는 실체는 매질뿐이고, 파동이란 다만 매질의 행동 양식을 나타내는 표현일 뿐입니다.

다시 말해, 입자가 존재론적 관점에서 설정된 개념인 데 반해, 파동은 인식론적 관점에서 설정된 개념이므로 입자-파동의 2중성은 모순으로 볼 수 없습니다. 즉 입자-파동의 2중성 문제는 존재론적 입장과 인식론적 입장이 뒤섞임으로써 일어난 개념적 혼란으로 보아야 합니다. 물리학자 보어가 상보성원리에서 주장했듯이, 입자였던 존재가 파동으로 변신한 예는 있어도 입자가 입자이면서 동시에 파동으로 행세한 예는 찾을 수 없기 때문입니다.

입자-파동의 2중성 문제는 입자로 진행하던 빛이나 전자가 2중-실틈을 만나 실틈이라는 속박장의 경계조건에 의해 파동으로서의 간섭 특성이 드러나는 현상으로 논의됩니다. 그런데 빛이나 전자의 2중-실틈 실험이 '관찰'이라는 행위와 결합하면서 엉뚱한 문제를 낳습니다. 우리가 2중-실틈 실험을 관찰할 때와 관찰하지 않을 때 다른 결과가 나타나므로 '관찰'이라는 행위가 상태를 결정하게 된다는 주장입니다.

'관찰'이 상태를 결정한다는 주장은 확대해석에 따른 오해입니다. '관찰'이라는 물리적 행위는 전자기장을 '관찰' 수단으로 사용합니다. 이때 전자기장에 의한 '관찰'이라는 행위는 결국 '관찰'의 대상인 전자의 상태를 교란할 수밖에는 없는데 이로써 속박장에 의한 간섭 특성이 사라지고 입자로 돌아오게 됩니다. 이렇듯 '관찰'용 전자기장에 의한 미시적 교란 현상을 마치 인간의 거시적 '관찰' 행위가 피실험체의 상태를 결정한다는 식으로 확대해석하는 것은 난센스입니다.

또한 '관찰'과 관련해서, 양자론에는 방사성 물질과 함께 상자에 갇힌 고양이의 생사를 묻는 '슈뢰딩거의 고양이'라는 해괴한 수수께끼도 있습니다. 슈뢰딩거의 상자를 열고 '관찰'하기 전에는 상자 속 고양이가 삶과 죽음이 겹친 상태로 존재한다는, 이른바 중첩의 문제입니다. 여기서 슈뢰딩거의 상자를 투명한 유리로 만들고 검은 천으로 덮어도 앞서와 같은 문제로 볼 수 있습니다.

'슈뢰딩거의 고양이'의 상태는 상자가 아니라 '관찰'이 결정하는 문제이기 때문인데, 그렇다면 투명 상자를 검은 천으로 덮는 대신에 눈을 감고 쳐다보지 않아도 '관찰'이라는 의미에서는 같은 상황이 될 것입니다. 이제 우리가 눈 깜빡임으로 인해 투명 상자 속의 고양이가 '관찰'의 시야에서 사라질 때마다 고양이는 생사가 중첩된 상태로 변신한다고 주장해야 할까요?

배타적 변수는 동시에 고유함수의 축이 안 된다는 사실을 무시함으로 인해 인식의 확률 빈도가 존재의 배합률로 둔갑해서는 ─ 슈뢰딩거가 부재를 증명하고자 했던 ─ '슈뢰딩거의 키메라'를 탄생시키는 순간입니다. 사실 여기서는 미시세계의 위상구조에 대한 이해의 부족으로 주장이 뒤바뀐 게 더 문제이긴 합니다만.

어쨌든 2중-실틈 실험의 결과는 두 실틈을 포함하는 실험 장치의 물리적 구조가 특별한 조건을 만족할 때만 위상구조가 드러나 파동성이 나타나게 됩니다. 즉 실험에서 빛이 통과하는 2중-실틈의 크기와 두 실틈 사이의 간격 그리고 빛의 파장 등의 값들이 함께 특별한 공식으로 이루어진 조건을 만족할 경우에만 파동성이 나타납니다.

입자-파동의 2중성이라는 빛의 두 얼굴에 대한 논쟁은 빛의 정체성에서 비롯됩니다. 그런데 빛이 움직임으로써만 존재하고 정지상태로는 존재하지 않는다면, 그 정체는 입자가 아니라 파동일 거라는 심증을 굳히게 됩니다. 정지 상태 없이 움직임하고만 관련된다면, 빛의 정체성에 관한 해답은 빛의 위상구조 발현에 관계되는 물리적 진공의 유전체(誘電體) 속성이 매질로서 단서를 제공할 듯싶습니다.

운동이 갇히면 진동이 되고, 진동이 퍼지면 파동이 됩니다. 물리학자 드브로이가 운동과 파동 사이의 위상구조의 관계식을 밝히고 이러한 위상구조에 '물질파'라는 이름을 붙입니다. 그리고 슈뢰딩거가 물질파의 위상구조를 기술하는 양자물리학의 파동방정식을 발견합니다. '전자의 4주(四柱)'는 바로 슈뢰딩거 파동방정식의 해(解)입니다. 요컨대 물질파라는 위상구조에 관한 양자론의 요체는 '움직이는 물체는 갇히면 떤다.'라는 것입니다.

부록 4-2: 상대론의 단편적 서사

이번엔 운동의 해석에 새로운 혁명을 일으켰다는 상대론이라는 과학적 서사의 논리적 빈틈을 살펴보겠습니다. 운동에 변화를 일으키는 가속도는 힘에서 비롯됩니다. 이 사실을 토대로 뉴턴에 의해 골격이 세워진 이론이 역학입니다. 이어서 수리물리학자 라그랑주가 뉴턴이 정립한 힘의 역학을 에너지의 역학으로 바꿔서 발전시킵니다. 운동에서 물체의 궤적 문제를 풀고 싶다면 에너지에 관해 알아야 합니다.

운동에너지와 퍼텐셜에너지의 총합은 보존됩니다. 그런데 운동에서 실제로 운동의 궤적을 결정하는 물리량은 운동에너지에서 퍼텐셜에너지를 빼고 남은 값입니다. 이 물리량에 대한 역학 이론을 라그랑주가 만들었기 때문에 이 값을 '라그랑지안'이라고 부릅니다. 운동하는 물체의 위치가 변한다면 라그랑지안의 값도 변하게 됩니다.

라그랑지안 값의 변화를 일정 시간 동안 합친 총합을 물리학에서는 '작용'이라는 이름으로 부릅니다. 실제 운동에서 물체가 그리는 궤적은 '작용'의 값이 최소가 되는 경로로 나타나게 됩니다. '작용'은 또한 양자론에서 위상과 관련된 중요한 역할도 합니다. 라그랑지안을 사용해서 운동의 궤적을 추적하는 변분법은 운동과 관련해서 시공간의 곡률을 결정하는 일반상대론에서도 유용한 방법론이 됩니다.

등속도 운동계에 관한 특수상대론의 풀이에 동참한 아인슈타인이라면 당연히 이어서 가속도 운동계에 관한 일반상대론에 관심을 가졌을 것입니다. 그런데 4차원의 운동과 관련된 일반상대론 수식의 풀이에 아인슈타인보다 늦게 뛰어든 수학자 힐베르트가 라그랑지안 변분법으로 먼저 풀어서는 아인슈타인보다 일찍 제시하는 바람에 문제가 생깁니다. 흥미롭게도 아인슈타인은 아마도 힐베르트의 최종 수식이 담겼을 그의 편지를 분실할 뿐만 아니라, 이후 일반상대론의 결과를 발표하면서도 앞선 힐베르트에 관해 어떤 언급도 하지 않습니다.

우리는 흔히 진실이라는 명분 아래 과학을 맹목적으로 신뢰하는 경향이 있습니다. 이러한 결과로 나타나는 논리적 빈틈의 예는 인류의 눈부신 업적으로 평가받고 있는 상대론에서도 발견이 됩니다. 상대속도를 갖고 운동하는 물체의 길이와 질량 및 시간이 정지 상태일 때와는 다르게 관찰된다고 특수상대론은 주장합니다. 이 현상을 로렌츠는 지구를 둘러싸고 있는 에테르라는 매질의 상대속도 때문이라고 설명했지만, 아인슈타인은 시공간의 왜곡 때문이라고 주장합니다.

이제, 정지하고 있는 물체를 서로 다른 상대속도로 운동하는 여러 관찰자가 동시에 관찰하는 경우를 생각한다면, 서로 다른 상대속도로 운동하는 다수의 관찰자는 각자 서로 다른 시공간의 왜곡과 수축 결과를 얻어야 합니다. 그런데 이렇게 한 물체에 서로 다른 시공간의 왜곡과 수축이 여럿 겹쳐서 일어난다면, 과연 물체가 실제로 체험하는 올바른 값은 그중 어떤 것이라고 특수상대론은 결론을 내릴까요?

글쓴이가 『우주를 맴도는 러셀의 찻잔』에서 설명했듯이, 운동하는 물체를 운동 속도와 평행한 빛으로 관찰한다면 물체의 실제 속도보다 빠르게 관찰됩니다. 즉 등속도로 운동하는 물체의 시선 방향의 속도는 제 속도가 아닌 '겉보기 속도'로 관찰됩니다. 특수상대론은 이렇게 관찰이라는 행위로 인해 운동이 원래의 모습이 아니라 겉보기 모습으로 왜곡되는 관찰 효과에 대한 이론으로 보아야 할 것입니다.

 특수상대론에서는 관찰자의 위치가 명시되어 있지 않아서 흔히 관찰자가 없어도 로렌츠수축이라는 현상이 일어난다고 생각하기 쉽습니다. 하지만 로렌츠수축은 체험되는 현상이 아니라 관찰되는 현상임을 알아야 합니다. 특수상대론에서는 상대속도만이 유일한 변수로, 로렌츠수축은 관찰 대상과 다른 상대속도를 갖는 관찰자에게만 관찰되는 현상임을 잊지 말아야 합니다. 또한 여기서 상대속도란 빛이 진행하는 시선 방향의 속도를 의미한다는 사실을 반드시 유념해야 합니다.
 상대속도는 상대론의 의미를 규정하는 유일한 변수입니다. 이렇듯 중요한 변수인 상대속도와 관련해서 논리적 빈틈과 맹점을 상대론의 주장에서 발견하게 됩니다. 특히 『상대성의 원리』라는 논문 모음집에 수록된, 1905년에 아인슈타인이 처음 발표한 특수상대론에 관한 논문을 살펴보면 다음과 같은 세 가지 의문이 제기될 수 있습니다.

 첫째 의문: 특수상대론은 상대속도가 핵심이 되는 이론인데, 아인슈타인의 논문에서 상대속도의 당사자인 관찰자의 위치는 어디에 특정되어 있는가?

 둘째 의문: 아인슈타인 논문의 1장 3절을 보면 "단단한 물질로 이루어진 두 좌표계가 서로 겹쳐서 지나간다."라는 설정이 나오는데, 단단한 강체가 서로 겹친다는 설정이 물리적으로 어떻게 가능한가?

셋째 의문: 아인슈타인의 논문에는 마이켈슨의 간섭 실험에 대한 명시적 언급이 없지만, 어쨌든 이 실험 장치에 로렌츠수축이 적용되려면 마이켈슨의 실험에도 상대속도가 존재해야 한다. 그렇다면 마이켈슨의 실험에서 로렌츠수축을 관찰하는 '실험자'는 누구인가?

여기서 상대론과 관련해서 과학사적으로 흥미로운 문제가 하나 있습니다. 아인슈타인이 특수상대론 논문을 발표하기 전에 마이켈슨의 실험을 알고 있었는가 하는 문제입니다. 아인슈타인은 일본에서 일반인을 상대로 했던 강연에서만 마이켈슨의 실험에 관해 언급했을 뿐, 공식적으로는 이 문제에 대해 침묵으로 일관함으로써 의아함을 자아내고 있습니다.

자신을 가리켜 "답의 냄새를 잘 맡는 사람"이라고 표현했던 아인슈타인은 역시 앞에 열거한 세 문제점을 일찌감치 인지하고 고민했던 것으로 보입니다. 왜냐하면, 1916년에 발간된 상대론에 대한 해설서인 『상대성』이라는 그 자신의 저술에서 이 세 문제에 대한 해명을 발견할 수 있기 때문입니다. 그런데 아인슈타인이 해설서에서 내놓은 해명은 오히려 물리학적인 의문을 증폭시킬 듯싶습니다.

첫째 해명: 관찰자의 위치 문제에 대한 해명은 해설서의 9절에서 발견됩니다. 움직이는 관성계인 기차가 달리는 기차선로 옆의 둑방에 서 있는 제3의 관찰자에 대한 위치 설명이 나옵니다.

둘째 해명: 단단한 두 좌표계가 중첩 교차하는 사고실험에 대한 해명은 해설서의 11절에 나옵니다. "근본적인 오류를 범

하지 않고도, 두 좌표계가 지속적으로 간섭(파괴)한다는 사실을 무시할 수 있다."라는 과학적으로 이해하기 힘든 설명을 내놓습니다.

<u>셋째 해명</u>: 뜻밖에도 마이켈슨 실험 장치의 로렌츠수축에 대한 해명이 해설서의 16절에 나옵니다. 마이켈슨 실험 장치의 로렌츠수축은 지구에 대한 상대속도 때문이 아니라, 태양에 대한 상대속도의 결과라는 다소 엉뚱해 보이는 설명을 덧붙이고 있습니다.

첫째 의문은 왜 특수상대론의 수축 효과가 관성계의 진행 방향으로만 일어나는가 하는 방향 문제입니다. 1905년도 아인슈타인의 논문을 보면 한 좌표계가 다른 좌표계에 대해 상대적으로 움직입니다. 그런데 이 방향은 빛이 진행하는 방향이기도 합니다. 즉 두 좌표계가 서로 멀어지는 경우라면, 한 좌표계의 관찰자가 멀어지는 다른 좌표계를 빛으로 관찰하는 방향이 바로 상대속도의 방향인 것입니다.

다시 말해, 특수상대론의 상대속도는 관찰자의 시선 방향의 속도 성분입니다. 여기서 '관찰'이라는 과정은 빛이 출발하고 도착함으로써 이루어진다는 '조작주의적 정의'를 고려해야 합니다. 아인슈타인이 해설서에서 예시한 해명처럼, 제3의 관찰자가 운동 방향과 빛의 진행 방향에서 벗어나 옆의 둑방에 직각으로 빗겨 서서 '관찰'하는 경우라면, 로렌츠변환식이 아닌 새로운 수학적 모형이 필요해 보입니다.

둘째 의문은 두 좌표계가 겹친다는 가정이 없는 아인슈타인의 논문에서 로렌츠변환식이 유도될 수 없기 때문입니다. 즉 두 좌표계가 중첩 교차함으로써 광원의 위치를 어느 한 좌표계에 특정할 수 없는 경우에만, 두 좌표계의 관찰자들이 모두 자기 좌표계의 원점에서 빛이 출발했다고 생각하게 됩니다. 이러한 가정에 따라 두 빛의 진행 거리를 같다고 놓음으로써 로렌츠변환식이 유도됩니다.

이에 대해 아인슈타인은 "근본적인 오류를 범하지 않고도 두 좌표계가 간섭(파괴)한다는 사실을 무시할 수 있다."라고 정당화합니다. 그런데 단단한 강체가 겹쳐서 교차한다는 상황이 이미 물리적으로 불가능한 '근본적인 오류'인데도, 이를 무시할 수 있다고 우기는 아인슈타인의 태도는 '병 속의 새' 화두를 들이미는 육긍대부를 연상시킵니다. "사고실험은 불법 거래다!"라는 경고가 떠오르는 장면입니다.

셋째 의문은 마이켈슨의 실험에서 로렌츠수축을 주장하려면 실험장치와 다른 상대속도가 필요하기 때문입니다. 마이켈슨은 실험 장치와 같은 속도로 움직이므로 그의 상대속도는 '0'입니다. 따라서 마이켈슨 자신에게는 로렌츠수축이 관찰되지 않습니다. 그렇다면 이 실험에서 실제 로렌츠수축의 관찰자는 누구인가 하는 문제입니다.

마이켈슨의 간섭 실험을 태양에서 관찰한다면 얼핏 로렌츠수축이 물리학적 정당성을 갖는 듯이 보입니다. 그러나 로렌츠수축이 상대속도만으로 결정되는 건 아닙니다. 태양에서 관찰한다 해도 관찰 방향과 직각인 상대속도라면 로렌츠수축과는 무관하기 때문입니다.

사실, 아인슈타인의 논문 어디에도 마이켈슨의 간섭 실험에 대한 언급은 없습니다. 그래서 애당초 아인슈타인은 세 번째 해명을 할 필요조차 없었습니다. 그런데도 이렇듯 엉뚱하게 태양의 상대속도라는 해명을 덧붙인 이유는 무엇일까요?

어쩌면, 마이켈슨에게는 로렌츠수축이 관찰되지 않는다는 사실을 아인슈타인 자신은 이미 인지하고 있었다는 것을 암시적으로 표현한 건지도 모릅니다. 그래서 '답의 냄새를 잘 맡는 사람'답게 장래 눈 밝은 누군가 제기할지도 모르는 상대론의 기초와 관련된 허구성의 추궁에 대비한 면피용은 아닐까 하는 생각도 듭니다.

일본에서 일반인을 상대로 했던 강연을 빼고는 아인슈타인이 마이켈슨의 실험에 대해 함구했다는 사실은, 방금 보았듯이, 마이켈슨의 실험 결과가 로렌츠수축과 무관하다는 점을 이미 인지하고 있었기 때문으로 보입니다. 마이켈슨의 결과는 로렌츠수축과는 무관합니다. 하지만 그의 실험은 '에테르 효과의 부재'를 입증하는 과학사적으로 중요한 실험이기 때문에 상대론이라면 반드시 언급하는 실험입니다.

수학과 물리학에 정통한 마지막 만능 학자로 칭송받는 푸앵카레는 아인슈타인 이전에 로렌츠의 상대론 주장을 수학적으로 다듬어서 로렌츠변환이라는 이름을 붙입니다. 로렌츠와 함께 상대론의 창시자로 불리는 푸앵카레를 1911년 솔베이학회에서 마주친 후, 젊은 아인슈타인은 친구들에게 푸앵카레가 상대론을 이해하지 못한다고 빈정거린 적이 있습니다. 하지만 아인슈타인이야말로 상대론의 의미를 제대로 이해하지 못했기에 마이켈슨 실험에 대해 함구했던 건 아닌지 의문이 듭니다. 어쨌든 '답의 냄새를 잘 맡는' 아인슈타인은 특수상대론과 관련된 앞서 세 가지의 이론적 맹점을 인지했던 것으로 보입니다.

> "움직이는 물체에 대해 $M = m/\sqrt{1-\frac{v^2}{c^2}}$ 이라는 질량 개념을 도입하지 않는 것이 좋겠습니다. 이에 대해 명확한 정의를 제공할 수 없기 때문입니다. 정지 질량 m 외에는 어떠한 다른 질량도 도입하지 않는 것이 바람직합니다. 운동 질량 M을 도입하기보다는 움직이는 물체의 운동량과 에너지에 대한 표현을 언급하는 것이 더 좋습니다."
>
> — 아인슈타인

한편, 노년의 아인슈타인은 위 글상자에서 보듯이 상대론적 질량의 해석에 관한 자신의 견해를 작가인 바넷에게 편지로 보냅니다. 그는 움직이는 물체의 질량이 속도에 따라 증가한다는 상대론적 운동 질량은 명확한 정의가 없는 개념이라며 상대론적 운동 질량에 대해 불편한 속내를 내비치면서 거부하는 듯한 인상을 보여줍니다.

문제는 이렇듯 중요한 물리학적 제안을 왜 동료가 아닌 작가에게 보냈을까 하는 것입니다. 이 궁금증은 상대론의 근거에 대해 불안감을 안고 있던 아인슈타인의 이중적 태도에서 살펴야 할 것 같습니다. 즉 그의 이러한 행동은 마이켈슨 간섭 실험의 인지 여부에 대해, 일반 일본인들 앞에서 외에는, 끝내 공식적으로 밝히지 않았던 그의 의아스러운 태도와 같은 맥락에서 새겨야 할 것으로 보입니다.

$$4.3 \quad p = m'v = \frac{m}{\sqrt{1-\frac{v^2}{c^2}}} v = m \frac{v}{\sqrt{1-\frac{v^2}{c^2}}} = mv'$$

어쨌든, 아인슈타인이 불편한 심정으로 제안한 상대론적 운동 질량의 배제 문제는 상대론의 핵심인 '$1/\sqrt{1-\frac{v^2}{c^2}}$'라는 수학적 인자의 처리와 관련된 해석의 문제입니다. 여기서 'v'라는 상대속도는 특수상대론의 의미를 규정하는 유일한 변수임을 명심해야 합니다.

상대론의 질량 문제는 글쓴이가 『우주를 맴도는 러셀의 찻잔』에서 4.3 도식을 사용해서 설명한 바 있습니다. 즉 상대론의 운동량 공식은, 질량 보존의 법칙에 어긋나는 '$m' = m/\sqrt{1-\frac{v^2}{c^2}}$'라는 운동 질량의 개념 대신에, '$v' = v/\sqrt{1-\frac{v^2}{c^2}}$'라는 '겉보기 속도'의 개념을 이용해서 해석하는 것이 물리학적으로 타당합니다.

'겉보기 속도'에 의한 상대론의 요체는 '움직이는 물체는 실제보다 빠르게 보인다.'라는 것입니다. 여기서 '겉보기 속도'와 관련해서 흥미로운 점은 광속의 70% 속도로 운동하는 물체는 거의 광속으로 움직이는 듯이 관찰된다는 것입니다. 그리고 물체의 속도가 광속의 70%를 넘는다면 광속보다 빠른 속도로 관찰될 것이라는 점입니다.

끝으로 상대론과 관련해서 시간여행에 대해 살펴보겠습니다. 사실, 시간여행에는 문제가 있습니다. 글쓴이가 『우주를 맴도는 러셀의 찻잔』에서도 설명한 바 있지만, 시간여행이 가능하기 위해서는 타임머신의 안에서 순방향으로 흐르는 시간과 밖에서 역방향으로 흐르는 시간 이렇게 두 종류의 시간이 동시에 존재해야 합니다. 여기서 타임머신은 서로 반대 방향으로 흐르는 두 종류의 시간 세계에 노출되는 문제를 안고 있습니다.

다시 말해, 타임머신 밖의 시간이 과거를 향해서 흐르는 동안에도 타임머신 안쪽의 시간여행자는 여전히 미래로 향하는 일상의 시간을 체험하면서 동시에 과거로의 진행을 지켜보게 됩니다. 문제는 이때 타임머신의 몸체가 서로 반대 방향으로 흐르는 두 시간의 경계에서 동시에 양방향의 시간에 노출되는 모순이 발생한다는 것입니다.

시간여행의 문제는 공상 과학의 소재로 널리 활용되고 있습니다만, 이에 대한 진지한 학문적 논의는 수학자 괴델이 발표한 논문 외에는 별로 없는 것 같습니다. 그런데 시간여행의 문제와 관련해서 최근에 과학철학자 알리사 네이가 『형이상학 ― 입문』이라는 책에서 앞서 이야기한 서로 반대 방향으로 흐르는 두 시간에다 '외부-시간'과 '개인-시간'이라는 이름을 붙이고는 흥미로운 논의를 전개합니다.

제4장 자연인과를 발견한 호모 사피엔스

닫는 글

병 속의 새를 어찌 꺼낼꼬?

"병 속의 새를 어떻게 꺼내시겠습니까?"
육긍대부의 물음이 끝나자마자 남전선사는 육긍대부를 불렀다.
"대부!"
남전선사의 부름에 육긍대부가 "예!" 하고 대답하자,
남전선사가 말했다.
"나왔네!"

📖 인간종의 출현은 진화사의 변곡점입니다. 인간종은 자연선택을 거부하고 서사가 빚어내는 인공선택의 길로 나아가기 때문입니다. 우리의 삶은 줄거리를 갖춘 이야기를 스스로 지어내서는 이를 풀고 구현하고자 애쓰는 과정입니다. 육긍대부는 병 속에 새를 가두어 놓고는 어떻게 꺼낼지 고민하는 이야기를 꾸며냅니다. 그러고는 이 병 속의 새를 스승은 과연 어떻게 꺼내시겠는가 하고 남전선사에게 물으면서 스승을 궁지에 몰아넣었다고 의기양양해합니다.

그렇게 우쭐대던 제자는 스승의 부름을 듣고 답하는 순간 서사 전이에서 비롯된 과몰입에서 깨어나 현실 세계로 돌아옵니다. 동시에 화두라는 서사의 미로가 깨지고 모든 것이 풀려납니다. '병 속의 새'라는 과몰입을 일으켰던 서사 전이의 미혹과 최면에서 깨어남으로써 새 또한 놓여났다는 스승의 풀이가 제자는 못마땅했을지도 모릅니다.

이 화두를 물리학승에게 묻는다면 양자물리학의 방정식을 경계조건에 따라 풀고 해를 구하면 '터널링 효과'에 의해 병 밖에서 새를 볼 수 있다고 답할지 모릅니다. 또는 '조작주의적 정의'에 따라 꺼내줄 테니 실물을 가져오라고 답할 수도 있겠습니다. 그리고 혹시 미래 서사에 밝은 영화광승이라면 『스타 트렉』 드라마의 선장에게 부탁해서 '빔-업beam-up'으로 새를 공간이동 시키면 된다고 답할 것 같습니다.

어쨌든 인간종은 언어를 습득하고 서사를 구축함으로써 지구의 운명을 바꿉니다. 혹시라도 서사 능력을 잃게 된다면 우리의 삶은 동물의 삶으로 돌아갈지 모릅니다. 서사를 통해 '무엇-때문에'의 답

닫는 글

인 이유를 찾아낸 인간종은 이어서 가상인과라는 연결 고리를 발명하고는 이유의 철학으로 발전시킵니다. 또한 가상인과의 발명을 통해 인공선택을 문화로 정착시키고 마침내 인문학이라는 과제를 완성하게 됩니다.

가상인과를 발명한 인간종은 이어서 이유와 비슷하지만 성격이 다른 '어째서'의 답이 되는 원인이라는 속성을 자연에서 찾아내게 됩니다. 그리고 이로부터 자연인과라는 필연성을 가진 또 다른 연결 고리를 발견해서는 원인의 철학으로 발전시킵니다. 특히 자연인과의 발견은 과학이라는 과제를 완성하고 서사와 결합함으로써 인간종이 진화(evolution)의 길을 떠나 혁명(revolution)의 문을 열도록 유도합니다.

> "연구 중에 떠오르는 모든 의문은 자연과 관련된 질문으로 바꿔야 한다. 그렇지 않으면 이론의 세세한 부분에 발이 묶여서 시간만 낭비하고 자연에 대해서는 아무것도 알아낼 수 없을 것이다."
>
> – 파인만

위 글상자는 파인만이 물리학을 수학으로 착각하는 사람들에게 해준 조언입니다. 그런데 이 조언에서 '자연'을 '인간'으로 바꾼다면, 철학을 박물학으로 착각하는 사람들에게도 요긴한 도움말이 될 듯싶습니다. "연구 중에 떠오르는 모든 의문은 인간과 관련된 질문으로 바꿔야 한다. 그렇지 않으면 이론의 세세한 부분에 발이 묶여서 시간만 낭비하고 인간에 대해서는 아무것도 알아낼 수 없을 것이다."

일찍이 버트런드 러셀은, 인간 지식의 분과들을 서류 정리용 캐비넷에 비유한, '러셀의 캐비넷'이라 부를만한, 모형을 제안한 바 있습니다. '러셀의 캐비넷' 모형에 의하면, 철학자들이 논의하는 모든 주제는 일단 '모름'이라고 쓰인 구획에 있습니다. 그러다가 어떤 주제에 대해 체계적인 방법으로 접근할 수 있을 정도로 충분히 알게 되면, 그 내용은 '물리학'이든 '심리학'이든 '경제학'이든 새로운 제목이 붙은 새 구획으로 옮겨집니다.

어떤 철학자는, 철학이 전체론적 분야라서 철학의 이론과 문제들은 나머지 모두와 관계된다고, 러셀의 의견에 동조합니다. 아마도 오늘날 철학이 보여주는 박물학적 관심은 인류가 시작한 최초의 학문이자 만학의 배아 역할을 했던 원시철학의 특성이 아직도 남아있는 결과로 보입니다. '러셀의 캐비넷' 모형은 이러한 철학의 배아적인 성격을 잘 나타내는 흥미로운 비유라 할 수 있을 것입니다.

인류 초기에 이유에서 시작한 가상인과는 이후 이유의 철학을 낳았고, 이러한 생각은 원시철학의 배아적 성격을 대변하는 '러셀의 캐비넷'으로 이어진다고 말할 수 있을지 모릅니다. 한편, 이와는 달리 자연인과의 발견에 이끌린 철학자들은, 원인의 철학에 동조하면서, 철학이라는 학문 역시 과학에 근거해야 한다고 주장합니다.

그런데 철학이 모든 종류의 지식에 참견할 것인가 아니면 자신의 과제를 과학의 힘에 의존할 것인가 하는 문제에서 보듯이, 철학의 입지를 지배와 종속이라는 양자택일식의 선택지로만 볼 필요는 없을 듯싶습니다. 그래서 특히 현시적 이미지와 과학적 이미지라는 개념을 통해 이유의 철학과 원인의 철학을 가름하고 아우르려는 셀라스의 철학이야말로 눈여겨볼 만합니다.

『사이언스 이즈 컬처』라는 책의 첫 장을 보면, 생물학자와 철학자가 만나 '진화철학'에 관한 토론을 벌입니다. 이 토론에서 생물학자로는 에드워드 윌슨이 등장하고 철학자로는 대니얼 데닛이 등장합니다. 먼저 윌슨이 데닛에게 묻습니다. 버트런드 러셀이 말하기를 "과학은 우리가 아는 것이고 철학은 우리가 모르는 것"이라고 했는데, 당신이 보기에 철학 특히 과학철학은 어느 쪽으로 가고 있느냐고.

데닛은 어떤 질문이 올바른 질문인지 모를 때 하는 것이 철학이라고 생각하기 때문에 러셀의 진술에 동의한다고 답합니다. 그러나 과학이 어디로 가야 하며, 어디로 가서는 안 된다는 식의 이야기는 과감하지만 어리석은 자세라고 평합니다. 이어서 데닛은 철학을 제대로 하려면 철학사를 공부해야 하는데, 그 이유는 철학사를 공부하지 않으면 같은 소리를 또 하게 되기 때문이라고 말합니다. 즉 역사를 공부하지 않으면 선배들과 똑같은 실수를 반복하게 된다는 것입니다.

종의 사회성에 관한 이야기를 거쳐, 윌슨은 인간의 마음에 대해 오늘날 우리가 제대로 아는 것이 없다는 문제로 돌아왔다고 이야기합니다. 그리고 윌슨은 학문 분야 사이에는 분명한 경계가 있는데, 이러한 학문 분야 사이의 경계를 어떤 장벽이라기보다는 널찍한 미지의 영역으로 보고 싶다고 말합니다.

흔히 진화론을 포함한 과학의 발전이 인간을 우주의 중심에서 밀어냈다고 이야기합니다. 하지만 인간의 마음이 계속 가상인과를 엮어 가상현실을 구축함으로써 자연선택은 물론 인과의 사슬마저도 벗어나게 만드는 한, "지구는 아직도 우주의 형이상학적 중심이다."라는 헤겔의 선언은 여전히 유효하다는 생각이 듭니다.

얼핏 보면 모든 매듭이 과학이 풀 수 있는 한 종류의 매듭으로 보일지도 모릅니다. 하지만 가상인과를 통한 해석인 창발성은 과학이 풀지 못하는 매듭입니다. 반면에 자연인과의 정량화에 의한 자연현상의 필연성은 인문학이 풀 수 없는 매듭입니다.

이유와 원인의 혼동은 인문학에 대한 오해를 낳음으로써 인문학의 입지를 위태롭게 만들기도 합니다. 하지만 방금 보았듯이 우리 주변에는 과학과 인문학이 서로 풀지 못하는 문제들이 있습니다. 그렇다면 자연인과가 지배하는 필연성의 세계는 과학이 맡고, 가상인과가 통제하는 창발성의 세계는 인문학이 맡는 것이 바람직해 보입니다.

이 세상은 서사의 태피스트리입니다. 유전형의 세계를 지배하는 자연인과에는 정량화에 따른 특정 형식이 존재합니다. 그러나 표현형의 세계를 통제하는 가상인과에는, 화두나 패러독스에서 보듯이, 자유로운 서사만 존재할 뿐 정해진 형식이 없습니다. 문제는, 이렇듯 형식에 정해진 틀이 없이 자유롭다 보면, 그릇된 가상인과에서 비롯되는 위험천만한 인공선택마저도 가능하다는 것입니다.

우리가 마음을 지니고 언어를 사용하는 한, 서사를 피할 길은 없습니다. 그런데 서사의 미혹과 남용이 문제를 일으킵니다. 일단 서사 전이가 일어나면 망상에 취하게 되어, 일없이 누군가 좋아지고 공연히 아무나 미워집니다. 이야기꾼이 우리가 스스로 지어낸 이야기에 얽매여서 헤어나지 못한 채 서사에 휘둘린다면, 지금까지 인류의 진화를 성공적으로 이끌었던 인공선택은 거꾸로 독이 되어 인류를 파멸의 길로 이끌 수도 있습니다.

이러한 사실을 감지했던 선각자들은 그릇된 가상인과에 따른 서사 전이를 벗어나라는 가르침을 남깁니다. 괴로운 마음은 허상이니 너 자신을 돌아봄으로써 길을 깨치라는 말과 함께, 지어내는 것은 어쩔 수 없지만 굳이 끝을 보려 극단으로 치닫지는 말라고 이릅니다. 심지어 원수마저도 사랑으로 대하라는 가르침에는 서사의 미혹과 남용으로 인한 공멸을 막고자 하는 염원이 담겨 있음을 알아야 합니다.

동화를 사실이라 우기면 우스갯거리가 되기 십상입니다. 서사 또한 마찬가지입니다. '슈뢰딩거의 키메라'를 포함해서 인간이 지어내는 서사는 '병 속의 새' 화두와 동류입니다. 화두는 일종의 사고실험입니다. 즉 병 속의 새는 마음의 새입니다. '병 속의 새' 화두에서는 새를 꺼내는 일이 문제가 아니라 애당초 새를 병 속에 가둔다는 서사의 남용이 문제이니 서사에 미혹되지 말라는 것이 스승의 진정한 가르침일 것입니다.

생존경쟁만으로 이루어지는 동물의 삶과 달리 인간의 삶에는 각자 지어낸 이야기들이 서로 충돌하는 서사 경쟁이 끼어들면서 문제가 한층 복잡해집니다. 서사와 관련해서 타고난 이야기꾼인 인류가 절대 잊어서는 안 될 것이 있습니다. '무엇-때문에'라는 가상인과와 '어째서'라는 자연인과를 구분함으로써 그릇된 서사에 휘둘리는 인공선택을 피해야 한다는 것입니다. 인류가 서사 전이라는 최면에 빠지지 않고 자유를 빙자한 서사의 남용과 미혹을 넘어선다면 능히 진화와 혁명이 조화를 이루는 길을 찾아 나갈 수 있을 것입니다.

일상에서 '나'를 앞세우면 불만이 싹트고 죽음을 의식하면 불안이 움틉니다. 본디 '나'라는 존재는 마음이 서사의 흐름상 통일된 개체의 필요성에 따라 만들어낸 가상적 존재입니다. 그리고 죽음은 그 자체가 아니라 죽음에 대한 서사가 우리를 두렵게 만듭니다. 이렇듯 서사에서 비롯되는 온갖 치우친 감정들은 현실 감각을 일깨움으로써 바로잡을 수 있습니다.

특히 생존과 서사가 갈등을 일으키는 인간의 삶에서는 생존 기제인 의식과 서사 기제인 마음 사이의 균형이 대단히 중요한 문제입니다. 이때 의식과 마음의 사이에서 균형추의 구실을 하는 것 또한 현실 감각임을 명심해야 합니다. 만일 '병 속의 새' 화두를 현실 감각이 남달랐던 정주영 왕회장에게 물었다면 이렇게 답했을 듯싶습니다.

"임자, 새 봤어?"

간추리기

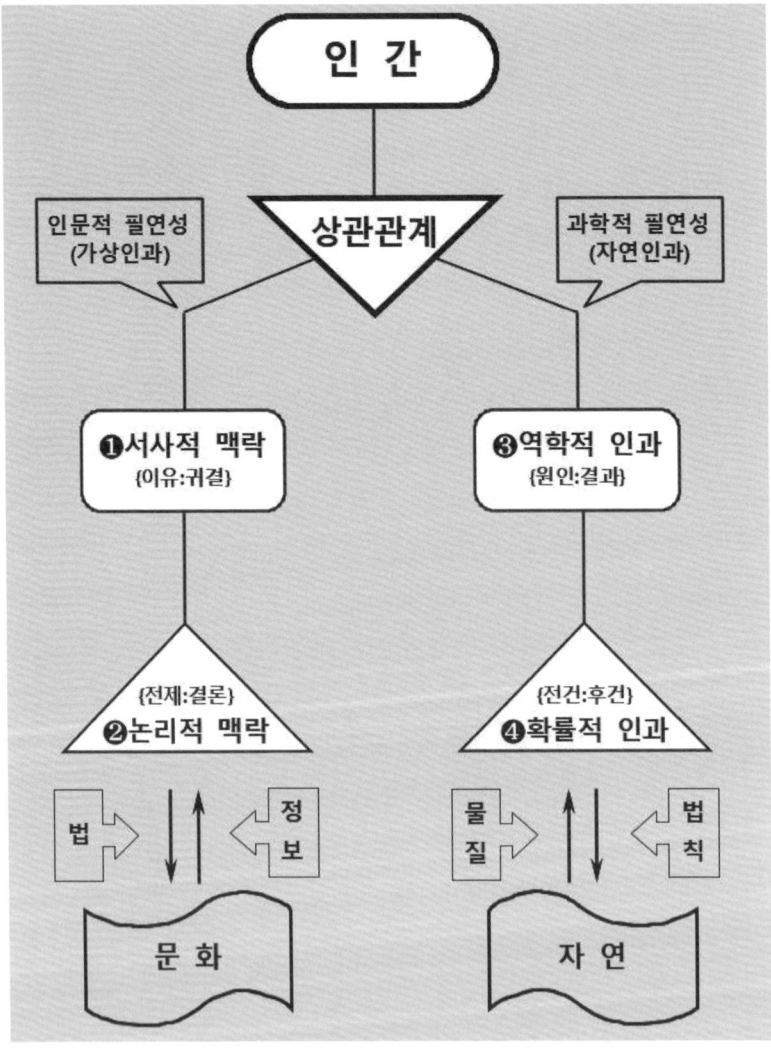